le guide de la personne heureuse

Vanessa Mielczareck

le guide de la personne heureuse

comment créer et attirer le meilleur dans sa vie ?

Deuxième édition

Le Courrier du Livre
29, rue de Condé
75006 Paris

Ouvrage publié sous la direction
de Catherine Maillard

Du même auteur

Editions Quintessence :

L'Intelligence Intuitive, 2003

Des Actions pour changer votre vie, 2005

Mesurez votre conscience, en co-écriture avec Gilles Guyon, 2008

J. C. Gawséwitch 2006 et France Loisirs 2007 :

Le voyage de Léa 2006

Editions du Seuil 2007 et Kaïros pour l'Espagne 2008 :

Coachez votre Intuition

Sites internet

www.vanessamielczareck.com

www.coachingintuition.com

ISBN : 978-2-7029-0709-2

www.editions-tredaniel.com
info@guytredaniel.fr

Sommaire

Introduction

Notre vie peut changer et devenir meilleure, si nous le souhaitons

Qui d'entre-nous n'a jamais souhaité un jour ou l'autre changer de vie, de mode de relations affectives ou professionnelles ? Qui n'aimerait pas avoir la vie qui lui correspond vraiment ? Et qui n'a pas mis de côté un rêve, en se disant « On verra plus tard » ? Quand les choses sont trop dures, qui n'a pas espéré qu'elles allaient s'arranger toutes seules ?

A tous ceux-là, ce livre est dédié. Et aussi à tous les autres qui, aujourd'hui, éprouvent un profond désir de changement. Cet ouvrage est placé sous le signe du véritable changement. Il apporte des réponses concrètes pour initier et aboutir la transformation de votre vie.

Malgré notre désir sincère, il y a des moments où les actions que l'on met en place n'aboutissent pas, comme si une force indépendante de notre volonté nous en empêchait. A d'autres périodes, au contraire, on fait l'expérience de coïncidences troublantes, rencontres ou événements, qui répondent justement à notre besoin… Dans ces moments-là, tout semble placé devant nous et notre vie change comme par miracle !

Pourquoi une telle fluidité à certains moments et un tel blocage à d'autres ?

Notre état d'esprit agit à tout moment sur notre réalité matérielle, émotionnelle, relationnelle

Et si la réponse n'était pas à chercher du côté du hasard, mais plutôt dans notre dynamique personnelle ? C'est ce que proposent ces pages, qui montrent à quel point notre état d'esprit agit à tout moment sur notre réalité matérielle, émotionnelle, relationnelle.

Au cœur de cet ouvrage, une affirmation fondamentale : vous avez l'opportunité de prendre en main votre destinée car vous en avez le pouvoir. Ce livre est un outil pour savoir provoquer ce que vous désirez sincèrement et atteindre un bonheur durable. Il est un guide pour apprendre à vivre ce concept de plus en plus répandu : « je suis le créateur de ma réalité, mes pensées créent ma réalité. » Loin de l'idée de culpabilité, cette approche de la vie permet de s'emparer de l'extraordinaire puissance qui réside en nous, parfois sans que nous le sachions. Mettre à jour les mécanismes de la répétition et de la négativité permet de devenir acteur de sa vie. Au lieu de réagir aux événements, il permet de poser des actes délibérés qui changent profondément le cours des choses.

Pour cela, je vous proposerai tout d'abord de faire la lumière sur les modes de fonctionnement inconscients que nous avons tous, ces « scénarios négatifs » de sabotage dont nous subissons la répétition. Ce sera l'objet de la première partie de cet ouvrage. J'exposerai les 12 scénarios les plus courants, qui se basent sur ces phrases prononcées sans même que l'on s'en rende compte : « Je sais ce qu'il faut faire, oui mais... », « Je ne veux pas faire de mal à... », « J'ai peur de tout perdre ! », « Et si je me trompais ? », etc. Je m'attacherai à montrer comment retourner l'énergie de ces scénarios négatifs personnels, en désamorçant la souffrance du passé dont ils se nourrissent.

Grâce à cette conscience de ce qui peut nous manipuler malgré nous, nous pourrons faire la lumière sur la loi de l'attraction : notre état d'esprit influence notre réalité et attire à nous des expériences en résonance avec notre état intérieur. Ce sur quoi nous nous focalisons se concrétise, surtout si c'est du négatif ! Je passerai ainsi en revue les grandes lois de la vie dans la deuxième partie de l'ouvrage. Grâce à cet enseignement, vous deviendrez pleinement conscients de votre réelle capacité à retourner les situations qui ne vous conviennent pas pour créer ce qui vous correspond réellement.

Vous deviendrez pleinement conscients de votre réelle capacité à retourner les situations

Tout au long de ce livre je vous inviterai à envisager et à choisir délibérément une alternative constructive et créatrice qui vous permettra de reprendre pleinement votre vie en main.

Enfin, la troisième partie de l'ouvrage se veut la clé du changement. Grâce aux prises de conscience initiées tout au long des 9 premiers chapitres, vous pourrez acquérir dans les 5 chapitres suivants des clés essentielles pour vous aider à vous libérer de ces émotions et sentiments négatifs qui attirent la souffrance et renforcent le manque. A la place, vous saurez comment choisir et intégrer les énergies de gratitude, de joie, de sérénité qui accompagneront votre changement vers plus de bonheur. Il vous sera proposé ici une méthode pratique de finalisation pour obtenir délibérément ce que vous désirez, que ce soit en amour, sur le plan professionnel comme financier. Des outils simples et efficaces qui pourront vous servir tout au long de votre vie. En expérimentant chacune des 10 étapes de cette méthode, votre état d'esprit et votre existence entière pourront considérablement se transformer.

En utilisant délibérément notre libre arbitre, nous avons la capacité de provoquer des occasions favorables pour vivre de véritables coups de chance

L'idée de ce livre est de montrer qu'en utilisant délibérément notre libre arbitre, nous avons la capacité de provoquer des occasions favorables pour vivre de véritables coups de chance grâce à la synchronicité : il s'agit là de réelles retrouvailles avec notre pouvoir créateur et intuitif, qui nous permet de supplanter les souffrances et tout ce qui ne nous convient plus. Même si vous n'avez pas le sentiment aujourd'hui de savoir ce qui est bon pour vous ou ce qui vous rendrait vraiment heureux, en plongeant en vous-même grâce aux exercices proposés au fil des pages, vous découvrez que votre désir profond et d'immenses potentialités résident déjà en vous, mais que jusqu'à ce jour vous n'y aviez pas accès. Les mettre à jour vous donnera la force nécessaire pour enraciner cette dynamique dans votre vie.

Le véritable changement doit pouvoir s'opérer jusque dans votre réalité matérielle, humaine et relationnelle. Quand le changement se sera produit, vous le vérifierez simplement en regardant ses résultats sur votre vie.

Où que vous en soyez aujourd'hui, vous avez la possibilité de changer vos modes de fonctionnement mental et émotionnel. Bien sûr, en plus du courage, un réel engagement envers vous sera nécessaire pour entreprendre ce voyage au cœur même de votre vie.

Ce livre, par la nouvelle manière globale de penser qu'il propose, mobilise un champ de force magnétique permettant d'attirer à vous ce à quoi vous aspirez profondément. Vous découvrirez comment sortir plus facilement de vos impasses, de vos contradictions pour faire reculer certaines limites. Elaboré à partir de principes, d'analyses, de suggestions, de questions adressées à vous-même et d'exercices d'application pratique, cet ouvrage se veut inspirant. Il est ponctué de phrases puissantes, qui peuvent être lues indépendamment, mais qui ancrent profondément les passages qui les précèdent.

Vous découvrirez comment sortir plus facilement de vos impasses, de vos contradictions pour faire reculer certaines limites.

Pour prendre davantage conscience de vos changements, je vous suggère de tenir un journal de bord personnel. Cela vous permettra de devenir de plus en plus conscient de ce qui se passe en vous. Vous pourrez ainsi mesurer toutes les modifications qui se produiront jour après jour.

Nous créeons tout ce qui nous arrive.
Nous attirons les expériences en resonnance avec qui nous sommes.
Nous pouvons changer notre réalité en lachant le scénario de souffrance.
Des signes nous guident quotidiennement vers plus de bonheur.

1re partie

Une envie de changer sa vie

Pourquoi attire-t-on ce que nous ne voulons pas ? La plupart d'entre nous passons notre vie à rejouer à notre insu un certain «scénario» où l'on repète les mêmes comportements. Pour accéder au changement, prenons conscience de nos attitudes mentales inconscientes qui sont autant de freins au changement.

Chapitre 1

Tout est vibration

DANS cette quête du bonheur que nous poursuivons tous, il est fréquent que l'on soit un jour ou l'autre confronté à la nécessité du changement dans notre vie. Or, lorsqu'on éprouve cette nécessité, lorsqu'on ressent le désir d'exprimer des potentialités enfouies au plus profond de nous, il est primordial de commencer par comprendre quelle influence, consciente ou inconsciente, nous exerçons sur chaque journée de notre vie. Il est préférable d'aborder la question avec un état d'esprit ouvert et bienveillant, dénué de tout jugement contre soi-même : c'est cela qui nous permettra de reconnaître le pouvoir véritable dont nous disposons dans chaque situation. On a en effet souvent tendance à focaliser son attention sur les événements, or plus que les faits eux-mêmes, ce qui importe est la façon de les qualifier (positif ou négatif), car cela oriente notre perception et la manière dont on les vit. Là réside tout notre pouvoir, qui est immense. Une situation peut nous sembler bloquée, nous faire souffrir, nous empêcher d'avancer, mais il suffit de décentrer son regard, de prendre du champ pour cesser de s'identifier à la souffrance, alors elle peut devenir levier du changement.

Une situation peut nous nous sembler bloquée, nous faire souffrir, nous empêcher d'avancer, mais il suffit de décentrer son regard

Une nouvelle vie commence donc par un nouvel état d'esprit. C'est cette manière différente de percevoir la réalité, ce regard renouvelé sur notre existence, qui va initier une dynamique dans laquelle on devient acteur de sa propre existence.

NOS PENSÉES ÉMETTENT UNE ÉNERGIE

La physique quantique, cette branche de la physique qui étudie le monde de l'infiniment petit, des atomes et des particules élémentaires, nous montre que tout, dans la matière, est d'abord vibration et énergie.[1] D'après ces recherches, nous pouvons considérer que, à l'image de toute matière, chacun de nous est fait de vibrations pures : notre corps bien sûr, mais aussi nos émotions, nos pensées et les mots que nous utilisons sont des fréquences. Nous les émettons souvent involontairement, alors que leur force peut affecter notre état d'être mais aussi agir sur le monde extérieur. Par exemple, la maladie peut dans cette logique être envisagée comme une vibration disharmonieuse, susceptible d'être en partie transformée grâce à une modification de l'influence mentale et émotionnelle. En effet, l'énergie ne disparaît pas, mais elle est en transformation constante. Nous pouvons devenir aptes à la changer nous-mêmes.

La maladie peut dans cette logique être envisagée comme une vibration disharmonieuse.

D'ailleurs, le mot « personne » vient du latin sonar, qui signifie « résonance ». On voit comment, étymologiquement, chacun de nous est un instrument de

1. Consulter à ce propos les ouvrages du physicien Etienne Klein : *La physique quantique, L'atome au pied du mur et autres nouvelles, Les tactiques de Chronos*, ainsi que l'ouvrage de Jean Staune *Notre existence a-t-elle un sens ?*

musique qui joue sa propre partition : nos pensées émettent des fréquences, mais les émotions et les sentiments que nous éprouvons envoient également une énergie particulièrement attractive autour de nous. La question est donc : quelle est la nature de cette énergie que l'on émet ?

Nous n'avons plus prise sur notre passé, mais nous avons plein pouvoir sur notre présent

La réponse à cette question se manifeste en chaque instant de notre vie : nous n'avons plus prise sur notre passé, mais nous avons plein pouvoir sur notre présent. Le présent résulte entièrement de ce que nous faisons de notre énergie. Bien en contact avec nous-mêmes, nous pouvons ressentir la nature de ces vibrations qui se traduisent en chaque instant par des sensations dans notre corps. Notre sensibilité et notre attention peuvent nous en faire prendre conscience. Peut-être avez-vous déjà remarqué qu'en présence de certaines personnes, vous vous sentez dynamisés, d'humeur légère. A l'inverse, avec d'autres, vous vous sentez alourdis, pompés ; il est possible que ces personnes aient été dans un état d'esprit vibratoire négatif ou qui révèle vos propres zones d'ombre. Vous dégagez une certaine énergie, tout autant que ceux qui vous entourent. Or, nous avons tendance à attirer les personnes et les situations en résonance avec notre propre énergie. L'observation de ce qui nous entoure peut donc nous donner de précieux renseignements sur nous-mêmes : hommes, femmes et événements de notre vie font d'une manière ou d'une autre écho à ce que l'on porte en soi.

De la même manière, les matins où vous vous levez de mauvaise humeur tout semble aller de travers. Vous brûlez vos tartines, vos enfants vous agacent, vous vous retrouvez coincé dans des embouteillages, un dossier que vous pensiez bouclé vous est retourné, vos collègues vous font des remarques... Comme si la vie, ce jour-là, conspirait contre vous ! A d'autres moments, quand au contraire vous vous sentez plutôt bien, votre vie s'orchestre à merveille, vous rencontrez les bonnes personnes au bon moment, vous recevez des propositions inespérées...

Comme si la vie, ce jour-là, conspirait contre vous !

Modifiez votre énergie, afin de la tirer vers le positif

Le premier pas vers ce changement d'énergie intérieure consiste à devenir attentif aux mots que vous employez. Pour bien comprendre comment ils peuvent changer votre état d'être, voici un exercice tout simple : pensez à « souffrance ». Faites le vide en vous, recentrez-vous un instant et portez toute vous attention sur ce mot, « souffrance ». Observez ce qui se passe en vous. Puis pensez au mot « joie ». De même, faites le vide en vous pour vous recentrer, puis portez toute votre attention sur le mot « joie ». Que ressentez-vous à présent ?

Evoquer en vous « la joie » est plus agréable qu'évoquer « la souffrance », n'est-ce pas ? Pourtant, ce ne sont que des mots, et vous vous êtes contentés de les penser ! Mais le fait de les amener à votre conscience a modifié quelque chose en vous, même si votre réalité de cet instant ne semble pas encore changée sur le plan matériel... Voyez comme chaque mot est chargé d'une vibration et d'une empreinte particulière, que notre histoire personnelle renforce. C'est en mesurant ainsi l'impact de notre langage que nous pouvons devenir plus libres de choisir les mots en résonance avec ce que l'on attend de la vie !

La raison de cette dynamique est simple : partout où nous allons, nous déposons un peu de notre énergie. En avoir conscience nous permet de choisir celle que nous souhaitons laisser dans notre sillage…

Partout où nous allons, nous déposons un peu de notre énergie.

Au fur et à mesure que vous avancerez dans l'expérimentation et la mise en pratique des pistes de travail proposées ici, vous verrez combien la nature de vos pensées influe sur votre réalité. Vous prendrez alors conscience que ce que vous vivez dépend réellement de vous et de la coloration que vous apportez à vos expériences, de l'intention dont vous les chargez. Pour cela, vous allez apprendre pas à pas à utiliser votre cerveau d'une autre manière, en le guidant vers un mode de raisonnement tourné vers plus d'objectivité face à vous même et à la vie, afin d'atteindre l'optimisme. Vous constaterez à quel point porter un regard optimiste et positif sur la vie permet en effet de voir s'y concrétiser le meilleur !

Nous émettons des vibrations négatives et positives.
Ce que nous rencontrons dans la vie est en correspondance avec cette fréquence.
Nous sommes plus puissants qu'on ne l'imagine.

NOS INTENTIONS ONT DU POUVOIR

Notre vibration intérieure est donc liée aux intentions que nous émettons. Celles-ci génèrent une énergie et, à force d'être répétées en nous, elles finissent par produire des faits et des coïncidences : nos intentions déterminent non seulement notre état d'être, mais aussi notre réalité extérieure. A ces moments particuliers où surgit quelque chose profondément lié à ce que vous portez en vous, vous pouvez même avoir l'impression que ce à quoi vous pensez arrive. Pourquoi cela ne se produit-il pas tout le temps ? Pourquoi arrive-t-il qu'une intention reste sans réponse ?

Pourquoi arrive-t-il qu'une intention reste sans réponse ?

Il faut comprendre que le pouvoir de l'intention ne peut plus fonctionner de manière positive lorsque nous nous éloignons de cette partie la plus profonde de l'esprit que l'on peut nommer le Moi supérieur ou le Soi. Dans certaines circonstances, nous nous rapprochons de ce que l'on appelle le petit moi ou ego, qui a tendance à critiquer, à ne pas être satisfait de ce qui est, qui projette en permanence ses responsabilités sur l'extérieur. En nous détournant de notre image constructive, nous n'avons plus l'unité nécessaire à la production des fameuses coïncidences, autrement dit des synchronicités[2]. Si l'on demeure prisonnier de l'ego qui projette ses peurs et ses conditionnements, nous vivons dans un sentiment de séparation, nous sommes coupés du lien avec notre esprit dont la voix ne se perçoit que dans le

2. Pour comprendre le mécanisme des synchronicités, voir Deepak Chopra, *Le livre des coïncidences*, Inter édition-Dunod, 2004

silence du cœur. C'est notre esprit qui perçoit le monde de manière globale, lui qui guide notre intuition, laquelle nous permet de faire les choix justes. Cette écoute attentive du Soi nous permet d'être pleinement relié à chaque circonstance de notre vie.

Prendre conscience des différentes facettes, des multiples dimensions de notre personnalité (le Soi et sa vision globale, l'ego et sa perception limitée de la réalité) permet d'élargir notre perception et de nous recentrer sur notre responsabilité. Notre pouvoir réside bien sûr dans la manière dont nous réagissons aux événements, mais aussi dans le choix des intentions profondes que nous faisons résonner en nous. En verbalisant consciemment une intention, en la nourrissant jour après jour de nos sentiments mais aussi de nos actes, nous pouvons à nouveau plonger dans cette unité féconde qui attire à nous ce que l'on souhaite profondément, quand cela est juste pour nous.

Prendre conscience des différentes facettes, des multiples dimensions de notre personnalité permet d'élargir notre perception et de nous recentrer sur notre responsabilité

Qu'est-ce que l'intention ? C'est une phrase, une commande ferme que l'on formule dans notre tête ou à haute voix. Elle nous donne la possibilité de programmer de nouvelles situations que nous aimerions voir se produire. Au fil de la lecture, ces pages apporteront des réponses à cette question fondamentale : pourquoi certaines intentions que l'on émet se concrétisent, et d'autre pas ? Ce livre, qui se veut aussi outil pratique, propose des solutions pour aller vers le changement attendu. Vous pouvez commencer à formuler délibérément une intention que vous aimeriez voir se produire.

Vous avez compris plus haut qu'un mot générait un état intérieur particulier en nous. Voici donc quelques clefs pour formuler correctement une intention.

Apprenez à formuler une intention

Pour être efficace et réellement fertile, la phrase qui exprime votre intention doit respecter certaines consignes de construction.

→ Formulez votre phrase au présent, comme si c'était déjà réalisé.
→ Commencez votre phrase par « je », afin de vous impliquer totalement.
→ N'incluez aucune autre personne en la nommant dans votre phrase, ceci afin d'éviter d'exercer un pouvoir quelconque sur l'autre.
→ Choisissez une intention qui fasse partie de votre champ des possibles.
→ Exprimez cette intention fermement et à voix haute chaque jour, à plusieurs reprises devant la glace en vous regardant dans les yeux. Vous mobilisez ainsi votre force de conviction et votre volonté qui nourriront votre intention.
→ Accompagnez votre intention d'actions concrètes dans la réalité, allant dans le même sens.
→ Observez si vous ressentez bien de la joie à la simple évocation de cette phrase.

Si formuler votre intention vous plonge dans la tristesse, l'angoisse ou la peur, analysez bien votre intention

Cette dernière étape est importante : si formuler votre intention vous plonge dans la tristesse, l'angoisse ou la peur, analysez bien votre intention : est-elle appropriée au moment présent ? Avez-vous les moyens de la vivre ? Si votre intention vous apparaît en définitive trop éloignée de qui vous êtes aujourd'hui pour que vous puissiez vous projeter facilement, peut-être que pour y parvenir vous devez commencer par poser une autre intention, plus modeste, qui ne vous mettra pas en difficulté et sera comme une étape sur le chemin. N'oubliez pas que la loi de l'attraction fonctionne avec la vibration que vous émettez, c'est-à-dire avec votre ressenti vis-à-vis de votre affirmation. Si vous affirmez une phrase à laquelle vous ne croyez pas, votre doute émet des vibrations négatives qui, malgré vous, renforceront votre doute et bloquent la concrétisation. La loi de l'attraction a été largement diffusée dans les années 90 par les auteurs Jerry et Esther Hicks (voir leur ouvrage récent *La loi d'attraction*)[3], mais les précurseurs de cette loi sont William Walter Atkison, au début du XXe siècle, et Ernest Holmes, dans les années 1920. (Voir « *Penser positif, c'est d'abord ressentir le positif* », p. 157)

N'oubliez pas que la loi de l'attraction fonctionne avec la vibration que vous émettez

Il est important de se respecter dans le processus de changement. Il s'agit de trouver un équilibre entre l'impatience de vouloir tout, tout de suite – cela conduit à se faire violence – et la peur de lâcher ce que l'on a – ce qui nous empêche d'agir…

LA BOULE DE SOUFFRANCE ET SES EFFETS

Au cours de sa vie, chacun de nous a dû traverser des expériences difficiles. On a pu les qualifier de douloureuses, insupportables, et ces situations ont probablement généré des émotions comme la peur, la culpabilité,

3. *La loi d'attraction*, Esther et Jerry Hicks, Trédaniel, 2008

la colère ou le sentiment de trahison. Aujourd'hui, on porte en nous toutes ces émotions. Elles sont mémorisées dans notre corps, notre psyché, notre système nerveux et notre énergie. Si une même expérience douloureuse s'est répétée à plusieurs reprises, notre image personnelle, notre attitude mentale et notre système émotionnel auront tendance à être chargés de négativité. Celle-ci nous enferme dans certaines croyances sur nous-mêmes et sur la vie, qui orientent nos actions et nos décisions.

Cette boule de souffrance va et vient, ressurgit pour nous traverser à nouveau en certaines occasions.

Si nous ne nous libérons pas de cette empreinte de négativité issue de notre histoire passée, elle reviendra régulièrement nous submerger à nouveau, et continuera d'influencer nos choix du présent. À la longue, elle devient cette forme de pensée émotionnelle que nous appellerons « la boule de souffrance », parce qu'elle résulte d'une accumulation d'énergie dont la virulence dépend de notre vécu. Cette boule de souffrance va et vient, ressurgit pour nous traverser à nouveau en certaines occasions. Eckhart Tolle, dans Le pouvoir du moment présent, décrit clairement ce phénomène : « Cette souffrance accumulée est un champ d'énergie négative qui habite votre corps et votre mental. Si vous la considérez comme une entité invisible à part entière, vous n'êtes pas loin de la vérité. Il s'agit du corps de souffrance émotionnelle. (…) Certaines personnes vivent presque entièrement dans leur corps de souffrance, tandis que d'autres ne le ressentent que dans certaines situations, par exemple dans les relations intimes ou les situations rappelant une perte ou un abandon survenu dans leur passé au moment d'une blessure physique ou émotionnelle. »[4]

Tout est vibration : cette accumulation de souffrance passée vibre elle aussi à une certaine fréquence : celle d'un état d'esprit pessimiste. Nos douleurs nous enferment dans des pensées négatives, petites voix malicieuses qui, à force d'être écoutées et ressassées, finissent immanquablement par produire des résultats – négatifs – dans notre vie. La concentration de notre attention sur le négatif nous rend malheureux. Cela peut même nous faire sombrer dans des épisodes de déprime, voire de dépression, qui dans une certaine mesure sont magnétiquement attirés par nous.

Cette boule de souffrance peut rester inactive et latente tant que nous ne sommes pas confrontés à des situations de grand stress ou trop douloureuses (séparation, échec professionnel, deuil, accident ou maladie...) Ce qui nous accorde de larges périodes de tranquillité ! Mais sachez que notre souffrance intérieure se nourrit aussi de tous nos petits soucis, des tracas et des inquiétudes du quotidien, ainsi que de la moindre pensée négative, dont l'énergie la renforce. Sans le vouloir, nous alimentons ainsi le stock de cette énergie négative qui, si nous la laissons libre d'aller et venir, risque un jour ou l'autre de se retourner contre nous. La boule de souffrance peut s'activer et nous manipuler lorsqu'une situation relativement similaire

Sachez que notre souffrance intérieure se nourrit aussi de tous nos petits soucis, des tracas et des inquiétudes du quotidien

4. Eckart Tolle, *Le pouvoir du moment présent*, Ariane, 2000, p. 34

au passé se présente à nous dans un moment de vulnérabilité. Le passé chevauche alors le présent, ce qui nous empêche d'être lucide et objectif face à la situation actuelle. Contaminés par toute cette énergie négative, nous avons l'impression de subir les choses sans avoir d'autre choix. Notre problème dans ces moments-là est que nous nous identifions à notre souffrance : nous devenons tout entier la peur, le désespoir, la rancune, la jalousie, la colère… Ces émotions ou sentiments nous envahissent totalement jusqu'à nous submerger, ce qui peut nous amener à vouloir détruire ce que nous possédons ou mettre fin à une relation à laquelle nous tenons. Quand ce processus émotionnel œuvre contre nous, on se sent happé par une force négative irrésistible qui semble mise en œuvre pour appeler le malheur.

Ne plus se laisser submerger par ses émotions, c'est se donner la possibilité de vivre pleinement le présent avec toutes ses promesses.

Bien sûr, ce phénomène n'est pas déclenché consciemment, c'est pourquoi il est essentiel de le comprendre pour pouvoir le maîtriser. Ne plus se laisser submerger par ses émotions, c'est se donner la possibilité de vivre pleinement le présent avec toutes ses promesses, d'en accueillir toutes ses surprises.

La survie et la virulence de la boule de souffrance dépendent du degré de conscience avec lequel on vit habituellement les événements. Le meilleur moyen pour commencer à maîtriser cette énergie consiste donc à devenir l'observateur de cette énergie qui cherche à nous envahir, au lieu de s'identifier à elle. Cela permet de se distancer des faits, donc de garder tous nos moyens pour faire face à ce qui se présente. Mais surtout, prendre du recul avec son émotion ouvre à de nouveaux choix. Habituez-vous à entrer dans cet état de témoin chaque fois que vous vous sentez basculer dans une ambiance de morosité, de peur, d'impatience ou de colère.

NE SOYEZ PLUS HAPPÉ PAR LES ÉMOTIONS NÉGATIVES

Vos sensations corporelles peuvent être un bon guide pour repérer ce moment précis où votre perception agit comme un stimulus, et vous fait tomber dans une forme de négativité. Votre souffle devient-il court ? Etes-vous soudain envahi d'une vague de chaleur ? Avez-vous une boule au fond de la gorge ou au creux du ventre ? Frissonnez-vous à la racine des cheveux ? Quelle que soit votre sensation, concentrez-vous dessus à la manière d'un scientifique qui regarderait une expérience se dérouler devant lui. Ne vous identifiez pas à la sensation : n'oubliez pas qu'elle survient en même temps que l'émotion, donc s'identifier à l'une ou à l'autre c'est se laisser submerger par les deux. Mais ne vous jugez pas, et ne niez pas non plus la sensation, car chercher à se persuader que vous n'avez pas peur alors que vous être terrifié ne ferait que refouler le processus dans les profondeurs de l'inconscient.

Sans jugement, contentez-vous donc d'observer la sensation, et si celle-ci vous déborde, vous pouvez rentrer dans une respiration plus ample et plus calme pour accentuer votre détachement. Cet exercice demande un peu de pratique, et vous pouvez aussi choisir de vous tourner vers des pratiques qui le facilitent, comme la méditation. Vous constaterez que cet état de témoin vous permet de donner moins de prise à la négativité. Vous restez au contact de votre nature véritable, celle qui vous donne accès à toutes vos ressources. Au fil du temps, vous constaterez même que vous avez la possibilité de retourner les situations qui semblaient mal engagées.

Méditer est un état d'esprit. Cela consiste à créer un état altéré de la conscience, une sorte d'autorégulation de l'attention.

Voici comment le chirurgien et psychothérapeute Thierry Janssen définit la méditation : « Méditer est un état d'esprit. Cela consiste à créer un état altéré de la conscience, une sorte d'autorégulation de l'attention. (...) Cela permet de prendre conscience de sa propre existence, de sa pleine présence, dans l'instant, inspiration après expiration, moment après moment. Détente et fluidité s'accompagnent d'une modification des ondes produites par le cerveau. Celles-ci adoptent la fréquence alpha caractéristique des états intermédiaires entre la veille et le sommeil. L'activité cérébrale devient plus propice au développement de la créativité. Il s'ensuit une sorte d'état de transe où les réinterprétations et les reprogrammations sont plus faciles à obtenir. »[5]

En mettant en œuvre cette nouvelle dynamique, vous accentuez votre pouvoir de choisir : la boule de souffrance se loge dans nos zones obscures et elle se nourrit de notre ombre, cette part de nous-mêmes que, pour diverses raisons, on a occultée. Ce terme d' « ombre » est employé sans aucune connotation morale : notre part d'ombre n'est pas notre part « mauvaise » ! C'est simplement notre part méconnue. Pour la désigner, le psychiatre Suisse Carl Gustav Jung a appelé l'ombre « soi réprimé » ou « côté sombre de soi ». Selon lui, l'inconscient réunit un ensemble de forces, contraires et cependant complémentaires, qui s'organisent dans une certaine tension. Alimentée du refoulé que l'on porte en soi, la boule de souffrance ne supporte pas la lumière de

5. Thierry Janssen, *La solution intérieure*, Fayard, 2006 p. 114

notre lucidité. Apprendre à observer ce qui se passe en soi, c'est en effet devenir plus lucide, c'est accroître sa force intérieure, c'est gagner la confiance en soi-même et en la vie. C'est comprendre que contrairement à ce que l'on croit parfois, la vie n'a rien contre nous, bien au contraire... Elle réserve le meilleur à chacun d'entre nous, pour peu que nous le voulions profondément. Mais encore faut-il pouvoir voir et saisir ce meilleur quand il passe à notre portée... C'est là qu'intervient le pouvoir de notre intention, émise avec positivité. (Voir « Sortir de la pensée négative», p. 159)

Encore faut-il pouvoir voir et saisir ce meilleur quand il passe à notre portée...

La souffrance appartient rarement à ce que vous vivez dans l'instant présent.
Elle est une accumulation d'émotions du passé.
Décidez de ne plus être manipulé par elle.
Soyez le plus souvent possible témoin de vos sensations et votre vie va changer.

Chapitre 2

La force du changement

L'ÊTRE humain est fait de paradoxes et de contradictions : il voudrait tout à la fois une chose et son contraire. Changer, mais surtout ne rien perdre de ce qu'on a déjà... S'installer à deux et continuer de vivre comme un célibataire... Changer d'orientation professionnelle et garder la sécurité de son CDI actuel... Fonder une famille et continuer de vivre comme un couple sans enfants... Laisser ses enfants devenir des hommes et des femmes libres mais, surtout, qu'ils ne nous quittent jamais...

Nous voulons bien changer, mais à condition de conserver confort matériel, tranquillité d'esprit, habitudes, position sociale... Or, en nous agrippant ainsi aux choses du passé, nous empêchons l'énergie du changement de s'installer dans nos vies. S'attacher à tout ce que l'on a déjà mis en place dans sa vie, c'est bien sûr retenir ce qui est bon pour nous, mais c'est aussi s'empêcher d'être libéré de ce qui ne nous convient plus ! Notre éducation et notre culture nous ont encouragés en ce sens : par esprit de contrôle, par habitude, par instinct de conservation et par peur, nous avons tendance à croire que tout nous appartient, jusqu'à lutter pour ne rien perdre.

En nous agrippant ainsi aux choses du passé, nous empêchons l'énergie du changement de s'installer dans nos vies

CHANGER, C'EST GRANDIR

Un sentiment d'insécurité indicible est naturellement présent en l'être humain qui renvoie à son angoisse fondamentale de la mort. Comme s'il sentait profondément que tout risque de lui échapper un jour ou l'autre… Si ce sentiment est exacerbé, nous sommes parfois tentés par l'immobilisme pour ne pas faire de vague. En réalité, nous ne faisons que différer le chaos éventuel à venir et nous dépensons toute notre énergie à résister au mouvement de la vie. Pourtant, même si nous refusons l'idée du changement car elle nous déstabilise, nous y serons tout de même confrontés par nécessité. C'est la vie elle-même qui, par nature, pousse au mouvement permanent, à l'adaptation face à l'imprévu. Un jour ou l'autre, la vie nous oblige à entrer dans cette vague de la transformation.

Le changement, c'est un signe d'évolution : seul stagne ce qui demeure immobile…

Cette nécessité du mouvement et de l'innovation avec sa propre vie se vérifie encore plus dans le monde dans lequel nous vivons aujourd'hui. Tout change très vite et on a le sentiment de ne pouvoir compter sur aucun acquis d'hier. Comme si nous n'avions pas d'autre choix que de concentrer toute notre attention sur l'instant présent. C'est en effet dans le présent que l'on trouve la créativité indispensable à l'adaptation. Ainsi, nous sommes de plus en plus nombreux à nous rendre compte que notre existence ne nous correspond plus sur

C'est dans le présent que l'on trouve la créativité indispensable à l'adaptation.

le plan professionnel, social, amical, amoureux, etc. Chaque sphère de notre vie peut se trouver concernée par le magnétisme de cette prise de conscience, dans laquelle nous repérons un réel décalage entre ce que l'on souhaite profondément vivre et notre réalité quotidienne.

Au départ, une telle prise de conscience peut frustrer, rendre morose voire fataliste. Mais avec quelques outils, on peut choisir de s'abandonner au mouvement et avec un peu d'entraînement, parvenir à anticiper le changement. Il s'agit de se préparer intérieurement, de mobiliser les ressources nécessaires pour effectuer le passage. Cet état d'esprit est naturel chez certains, mais la plupart d'entre nous doivent effectuer un travail personnel afin de parvenir à embrasser l'impermanence de la vie, afin d'accueillir la nouveauté avec le sourire. Rentrer dans cette disposition face à la vie, c'est se laisser guider par les rencontres et les coïncidences. On peut alors parler de magie de l'existence !

Avec quelques outils, on peut choisir de s'abandonner au mouvement et avec un peu d'entraînement, parvenir à anticiper le changement.

À tout moment vous
pouvez décider de
changer de vie.

Vous n'êtes pas obligé
d'attendre de souffrir
pour évoluer.

Choisissez d'avoir
la vie qui vous
correspond pleinement.

LES FACTEURS DE CHANGEMENT

La plupart du temps, le processus de transformation est enclenché par un facteur extérieur, une épreuve qui va se charger de nous « pétrir » : accident, maladie, perte d'emploi, séparation...

Voici un éventail des situations qui peuvent nous pousser à changer.

Une remise en question "naturelle" : au plus profond de nous, nous sentons que nous avons atteint la fin d'un cycle et qu'un nouveau s'annonce. Une telle période est propice à la réflexion et l'auto-analyse, qui peuvent apporter des réponses à nos questions. Il est par exemple fréquent d'être sensible au passage des dizaines : à 30, 40, 50 ou 60 ans nous changeons de vibration, donc de centre d'intérêt et de préoccupations personnelles. Il est très bénéfique de profiter de ces phases-là pour réaliser un travail intérieur. Ce peut être le moment de faire le point sur ses réels choix de vie, de rencontrer ses aspirations profondes, d'autant que l'on bénéficie alors d'une énergie toute particulière pour se lancer de nouveaux défis, pour réaliser un rêve, ou pour enfin s'ouvrir au monde et aux autres...

Ce peut être le moment de faire le point sur ses réels choix de vie, de rencontrer ses aspirations profondes...

Une intuition majeure peut provoquer une prise de conscience cruciale qui ébranle notre vie. Cette révélation s'impose à notre esprit et clarifie notre existence comme un coup de projecteur. Nous semblons sortir spontanément de nos ombres, de nos souffrances ou de nos indécisions, comme si notre intuition montait de la profondeur de notre sagesse intérieure... Il s'ensuit souvent un « OUIIIII » majeur, « c'est ça ! ». La prise de conscience, fulgurante, crée un choc, souvent suivi d'une réaction physiologique au niveau de la respiration et du rythme cardiaque.

La compréhension soudaine émergeant du fond de notre être nous dit que nous sommes prêts à passer à autre chose.

La compréhension soudaine émergeant du fond de notre être nous dit que nous sommes prêts à passer à autre chose : l'intuition délivre des trésors à qui sait l'accueillir. Catalyseur naturel, elle est une bénédiction et une clef extraordinaire pour accéder au changement. Une telle intuition peut toucher toutes les sphères de notre vie et nous prépare souvent à un changement profond. Cette prise de conscience nous montre la voie, mais pour être effective et pour générer des bénéfices, elle demande à être validée par une action dans la réalité « matérielle ».

Un choc affectif causé par la perte d'un être cher, une séparation dans le couple, etc., sont des événements traumatisants qu'il faut surmonter et dépasser pour pouvoir les intégrer. Le repli sur soi qui fait suite au choc est naturel, c'est le temps du deuil où nous pansons notre blessure, où nous tentons de comprendre pour atténuer notre tristesse, notre désespoir. Cette période de solitude est souvent l'occasion de (re)trouver le sens de sa propre vie : la perte ou l'éloignement de l'autre laissent un vide où nous sommes seuls face à nous-mêmes. Une telle rupture de lien nous permet de tourner notre regard, vers soi souvent, vers Dieu parfois...

Il arrive qu'à l'occasion d'un tel choc, certains se rapprochent d'eux-mêmes pour la première fois de leur vie. Dans de tels moments, nous devons apprendre à faire la part des choses car la souffrance du moment peut en raviver d'autres beaucoup plus anciennes, non intégrées car non résolues. Prendre la mesure de ce qui nous arrive, en chercher l'enseignement, peut être le début d'un travail sur soi et d'une ouverture de la conscience à de nouvelles dimensions, car aucune réponse logique et rationnelle ne peut apporter de réponse satisfaisante à la question « Pourquoi est-ce que ça m'arrive ? ». Seule la lucidité de notre regard peut apporter les solutions dont nous avons besoin pour surmonter et dépasser l'épreuve, pour enfin lâcher la boule de souffrance qui dans ces moments cherche à s'emparer de nous.

Seule la lucidité de notre regard peut apporter les solutions dont nous avons besoin pour surmonter et dépasser l'épreuve.

Il faut savoir que la période de deuil est indispensable avant de revenir au mouvement de la vie, à une nouvelle vie. C'est un temps où nos corps physique, psychique et émotionnel « digèrent » la douleur et il est vain de vouloir échapper à cette période : paradoxalement, un deuil non vécu empêche la vie de refleurir… En revanche, il serait tout aussi néfaste de s'éterniser dans cette période, et si l'on ne parvient pas à en sortir seul, il peut être utile de se tourner vers un thérapeute.

Une remise en question professionnelle profonde, liée à la perte d'un emploi, à une période de chômage, à une rétrogradation, est souvent une période très difficile à vivre. À la perte de nos repères et de nos revenus s'ajoute la difficulté émotionnelle de gérer la situation.

On se sent dévalorisé voire atteint dans notre identité. Si nous avons pris l'habitude de nous identifier à notre fonction professionnelle, d'en faire notre « raison d'être », le jour où l'on s'en trouve privé notre vie perd tout son sens. Être avec soi, et pour soi, ne veut alors plus rien dire sans ce point d'ancrage social.

La plupart d'entre nous vivent la perte d'emploi comme un choc, car avec elle c'est une partie de notre univers qui s'effondre. De plus, ce que nous vivons comme une exclusion peut aussi renvoyer à des situations similaires du passé non intégrées. Mais une telle épreuve nous met face à une alternative, où nous avons le choix entre deux attitudes.

Face au changement de notre statut social, on peut endosser le rôle de victime et ne plus le quitter. Bien sûr, nous sommes fragilisés par ce que nous avons perdu, et notre crise d'identité tout comme notre perte de revenus nous plongent naturellement dans un sentiment d'insécurité. Mais à se laisser entraîner par l'énergie négative de la situation, nous risquons de glisser vers la dépression, la maladie, les addictions, voire des actes dommageables envers nous-mêmes ou autrui. Dans ces situations, si l'on y prend garde, on nourrit notre boule de souffrance, qui amplifie notre mal-être et attire à nous des situations similaires. Le chômage peut ainsi durer malgré notre bonne volonté, et les discordes conjugales, familiales ou amicales naître de cette vibration.

Dans ces situations, si l'on y prend garde, on nourrit notre boule de souffrance, qui amplifie notre mal-être.

À l'inverse, une telle épreuve, pour douloureuse que soit la remise en question sur le moment, peut aussi être envisagée comme une possibilité de rebondir, d'accueillir le nouveau. Il s'agit dans ce cas-là de refuser de jouer le rôle de victime qu'on vient de nous attribuer en nous licenciant ou en nous rétrogradant. Cet événement, négatif en soi, peut être une occasion positive pour nous de réaffirmer notre identité propre, en la dissociant de notre fonction sociale. Ce qui était au départ un échec devient ainsi la chance d'une quête de sens, une opportunité de se mettre à la recherche de ses vraies valeurs.

Ce qui était au départ un échec devient ainsi la chance d'une quête de sens, une opportunité de se mettre à la recherche de ses vraies valeurs.

Toutes les difficultés professionnelles peuvent ainsi devenir des opportunités pour progresser : elles peuvent être l'occasion de réajuster bien des points de sa vie. Une autoréflexion permettra de donner plus de sens à ce qui nous arrive, et peut-être nous révéler une nouvelle orientation.

Faites d'une remise en cause professionnelle une source de changement

- → **Quelles sont les compétences dont j'ai fait preuve à ce poste ?**
- → **Quels sont les acquis et les qualités que j'ai pu développer au cours de ma carrière ?**
- → **Quel est le sens profond de cette épreuve ? Quel enseignement puis-je en tirer pour moi-même ?**
- → **Jusqu'à ce jour, quelle était ma motivation dans mon travail ? Rencontrer l'autre ? Être stimulé intellectuellement ? Gagner beaucoup d'argent ? Détenir le pouvoir ? Créer ? Aider l'autre ? Etc.**

- → Aujourd'hui, est-ce que je me reconnais dans cette dynamique ? Y a-t-il une autre dynamique dans laquelle j'aimerais passer du temps ?
- → Par quelles activités suis-je attiré ?
- → Qu'est-ce que j'aime le plus dans mon travail ? Qu'est-ce que j'aime le plus dans l'existence ? A ce jour, y a-t-il une cohérence entre les deux ?
- → Comment puis-je rendre service ? Qu'ai-je à offrir aux autres ? Où puis-je me sentir heureux ?

Après exploration de ces points, déterminez une action possible à réaliser. Il s'agit d'un premier pas symbolique, point d'ancrage pour aller vers votre nouvelle réalité. Notez-la dans votre agenda, en vous demandant : « Quel acte concret puis-je poser pour aller dans ce sens ? Quand vais-je l'accomplir ? »

Des frustrations, des insatisfactions et un “ras-le-bol” peuvent aussi contribuer activement à provoquer des changements. Vous pouvez remarquer, à travers les points précédents, que le changement n'est pas évident à vivre, même quand nous sommes poussés à changer. Dans certains cas, c'est la partie profonde de notre esprit, celle où se trouve le Soi, qui cherche à nous guider vers une vie plus vraie et plus juste pour nous-mêmes mais dont le petit moi, l'ego, ne mesure pas la portée car, limité par le mental, il ne peut pas accéder à la même profondeur que le Soi. Dans des moments de grande frustration, de profonde insatisfaction, même en l'absence d'épreuve extérieure majeure, nous sentons que nous n'avons pas d'autre choix que de répondre à cette volonté profonde de notre être de rentrer dans un processus de transformation. Nos peurs et nos résistances lâchent lorsqu'on a atteint un certain seuil de souffrance intérieure, nous pouvons donc profiter de cette zone d'inacceptable pour trouver la dynamique nécessaire à la première impulsion. Ce moment-là nous révèle qu'il est grand temps d'agir en conscience pour prendre en main notre vie, pour en accepter la responsabilité et cesser de la remettre aux autres. L'insatisfaction profonde peut ainsi devenir une dynamique extraordinaire qui nous ouvre à une véritable quête intérieure.

Une maladie grave, un accident, peuvent amener notre conscience à un degré de lucidité plus profond, surtout si notre vie a été mise en danger. Toucher ce point extrême ne manque pas de nous faire sortir de nos habitudes, voire d'une certaine forme de passivité dans laquelle nous avions pu nous installer. Certains ont ainsi dû côtoyer la mort pour évoluer et vivre d'une manière plus vraie, comme si la souffrance était leur guérison, comme si traverser leur ombre réveillait leur pouvoir intérieur de guérison. Leur maladie physique leur permet de retrouver leur âme et donne un nouveau sens à leur existence.

Une maladie grave, un accident, peuvent amener notre conscience à un degré de lucidité plus profond, surtout si notre vie a été mise en danger.

Lorsque notre vie est mise en danger par une maladie, c'est là un signe ultime de l'existence. Elle nous indique que nous n'avons pas pu repérer d'autres signes, de nature différente, quand ils se sont présentés. Un problème qui s'incarne dans le corps nous offre l'opportunité de transformer les aspects insatisfaisants de notre existence : il nous faut repartir à la conquête de nous-mêmes pour sortir vainqueurs de cette épreuve de l'existence, et recommencer à vivre, si on en a le désir. Notre corps agit ainsi comme le messager de notre alchimie intérieure.

Cette épreuve peut aussi affecter des personnes de notre entourage qui restent aveugles au sens de l'épreuve, fermées à toute idée de quête intérieure ou de développement personnel. Elles ne saisissent pas forcément cette occasion pour bouger intérieurement. Nous ne pouvons obliger personne à changer, nous ne pouvons pas non plus le faire à leur place, mais nous pouvons faire preuve de patience, et les entourer de bienveillance et d'amour. Avec le temps, nous trouverons peut-être la manière appropriée pour les accompagner et les éclairer sur ce qui leur arrive.

Nous ne pouvons obliger personne à changer, nous ne pouvons pas non plus le faire à leur place, mais nous pouvons faire preuve de patience, et les entourer de bienveillance et d'amour.

Une expérience spirituelle, ou paranormale, bouscule nos convictions rationnelles habituelles et favorise cette quête de l'essentiel, avec une compréhension de la vie et du monde différente. L'accès à une autre réalité modifie notre manière de comprendre et d'aborder l'existence : nous accédons à un autre plan de conscience. Les questions que nous nous posons peuvent être dérangeantes pour les autres, car nous cherchons à établir des passerelles entre deux mondes habituellement dissociés, le monde de l'esprit et le monde de la matière, le plan spirituel et le plan matériel. Ainsi, les personnes ayant vécu une expérience de mort imminente, ou ayant été par une pratique spirituelle au contact d'une autre réalité, ou encore ayant été plongées dans cette réalité sans qu'elles ne l'aient cherché,

Les questions que nous nous posons peuvent être dérangeantes pour les autres, car nous cherchons à établir des passerelles entre deux mondes habituellement dissociés.

évoquent ce changement radical de leur existence, particulièrement dans leur manière d'envisager la vie et la mort. Elles éprouvent par la suite un détachement vis-à-vis des tracas petits et grands du quotidien, qui ne les affectent plus, et souvent une distanciation sur les questions matérielles habituelles.

PROVOQUER LE CHANGEMENT

Vous pouvez dès maintenant choisir d'attirer à vous de nouvelles situations plus bénéfiques. Pour cela, il vous faut pouvoir envisager plus clairement ce que vous devez changer chez vous. Identifiez les sentiments que vous éprouvez dans chaque domaine de votre vie. Vous pouvez ainsi repérer le domaine qui vous pose problème, car ces sentiments négatifs attirent immanquablement des expériences négatives.

Vous pouvez dès maintenant choisir d'attirer à vous de nouvelles situations plus bénéfiques.

Pour faire un état des lieux, vous pouvez remplir le tableau page suivante qui pourra vous confirmer ou ouvrir des pistes de réflexion. Remplissez-le aussi spontanément que possible sans passer trop de temps à réfléchir et analyser.

Quel secteur de votre vie est à améliorer ?

	Indice de satisfaction	Sentiment négatif	Situation déclenchante
Carrière	.../10		
Relation amoureuse	.../10		
Relations familiales	.../10		
Relations amicales	.../10		
Rapport à l'argent	.../10		
Métier	.../10		
Santé	.../10		
Autres...	.../10		

Chapitre 3

Qu'est-ce qu'un scénario de souffrance ?

UN « scénario de souffrance » est une histoire que l'on écrit et dont nous sommes le héros. Il se met en place dès notre plus jeune âge, parfois même dans la vie fœtale. L'empreinte de notre naissance, les schémas et croyances de nos parents, leur comportement à notre égard, notre milieu social, l'héritage trans-générationnel... Tous ces éléments sont déterminants dans la trame de notre scénario[6], qui oriente les stimuli déclenchant les événements de notre vie, mais influence aussi notre manière de vivre et de comprendre les situations.

Notre scénario de souffrance s'élabore à partir de notre histoire parentale, ancestrale et sociétale, et s'enrichit de tous nos choix, conscients ou inconscients ; le tout oriente son déroulement de manière positive ou négative. Nous allons nous intéresser ici à son versant négatif, celui qui se nourrit des obsessions du mental, de l'ego ou encore du moi inférieur de la personnalité, d'où proviennent les jugements et l'autocritique. Magnétisé par des émotions ou des sentiments douloureux, il fait de nous un héros malheureux, persuadé qu'il n'existe aucune autre réalité envisageable pour lui dans sa vie du

Notre scénario de souffrance s'élabore à partir de notre histoire parentale, ancestrale et sociétale, et s'enrichit de tous nos choix, conscients ou inconscients.

6. À propos du terme scénario, voir *Que dites-vous après avoir dit bonjour ?* Dr Eric Berne, Tchou, 1983

moment, avec ses souffrances et ses insatisfactions. Toutes ces vibrations enracinent le script dans le corps et dans le système de pensée, puis finissent par agir sur le plan matériel, se traduisant par la répétition d'expériences difficiles.

Nous dressons au chapitre suivant une typologie des 12 scénarios principaux, mais voyons à présent comment le fonctionnement se met en place en nous.

UN SCÉNARIO, C'EST UNE RÉPÉTITION

Cet ensemble d'émotions douloureuses et de répétitions du négatif maintient en place la trame dans laquelle nous nous sentons coincés. En outre, certaines expériences du passé ont tendance à se réactualiser : leur problématique se renforce et nous enferme davantage si nous ne poussons pas la porte du changement. Pour muter un tel scénario négatif, il vous faut commencer par l'identifier très clairement, afin de prendre conscience du pôle positif caché derrière tout scénario de souffrance. (Voir « Un coup dur peut devenir un coup de chance ! », p. 111.)

Inverser la charge magnétique du scénario vous permettra de faire de nouveaux choix, de prendre ces décisions grâce auxquelles vous serez en mesure d'émettre autour de vous l'énergie du positif.

Inverser la charge magnétique du scénario vous permettra de faire de nouveaux choix, de prendre ces décisions grâce auxquelles vous serez en mesure d'émettre autour de vous l'énergie du positif. À partir de ce moment-là, vous entrez dans une dynamique de construction qui attire les situations en adéquation avec vos besoins véritables. Changer ainsi de posture intérieure vis-à-vis de votre scénario, c'est-à-dire décider fermement de sortir de la répétition et de l'autosabotage, génère automatiquement une nouvelle énergie autour de vous : c'est elle qui agit sur la matière et les événements.

Un scénario négatif génère deux niveaux de souffrances. D'une part, celle créée par les pensées et les actions du quotidien, qui nous maintiennent dans notre histoire. Mais d'autre part, la souffrance du passé elle-même continue aussi par moment de nous revisiter. Dans les deux cas, notre souffrance est liée à une non-acceptation de l'instant présent. Cette attitude inconsciente est en effet bien souvent le seul moyen que nous ayons trouvé pour résister aux expériences désagréables d'aujourd'hui. Quand le passé se superpose ainsi au présent, nous revivons l'ancienne douleur comme si elle était réellement actuelle, car elle se loge dans notre corps, dans notre esprit et dans nos émotions. Les douleurs du passé sont donc le champ magnétique de la boule de souffrance. Prendre conscience de leur attraction négative sur elle est la première étape quand on décide de rompre ce chevauchement passé / présent.

Quand le passé se superpose au présent, nous revivons l'ancienne douleur comme si elle était réellement actuelle.

POUR ÉCRIRE UN SCÉNARIO BÉNÉFIQUE

Pour qu'un changement se produise en profondeur, vous devez commencer par assainir vos pensées, en cessant de valider les jugements insufflés par votre mental. Celui-ci est bien sûr indispensable à l'activité humaine, il permet de construire un raisonnement, il structure, il conquiert, il organise, il concrétise, mais il ne faut pas le laisser prendre toute la place, sinon il vous éloigne de votre véritable être intérieur. Celui qui au fond de vous aspire à vivre pleinement. Le mental, si on le laisse devenir un « singe malin », maintient l'image négative de soi et nous conduit à focaliser toute notre attention sur ce qui nous manque dans la vie. Cela engendre une fixation de votre énergie : cet arrêt sur image sur ce qui vous manque nourrit précisément ce cercle vicieux du manque et vous empêche même de prendre conscience du positif que contient, malgré tout, votre vie, et que vous pourriez faire fructifier. Plus vous résistez, plus vous niez votre présent, plus vous aurez tendance à souffrir parce que vous attirez le fruit de cette énergie qui vous place immanquablement face aux situations que vous vouliez justement éviter. Au fur et à mesure de votre lecture, vous découvrirez ici comment dissoudre l'énergie de la boule de souffrance dans votre corps et dans votre esprit. L'application de certains exercices et l'observation de certains principes, simples et puissants à la fois, vous permettront de retrouver votre pouvoir créateur.

Au fur et à mesure de votre lecture, vous découvrirez ici comment dissoudre l'énergie de la boule de souffrance dans votre corps et dans votre esprit.

Afin de mieux comprendre comment les choses se jouent en nous, comparons notre histoire à une pièce de théâtre. Nous passons notre temps à la jouer en répétant les mêmes scènes, les mêmes situations. Seule une prise de conscience peut nous permettre de sortir de notre rôle, et nous pousser à sortir de la scène pour stopper le scénario de la répétition…

À l'image de cette pièce de théâtre, notre vie est ainsi composée d'un ensemble organisé d'images, de gestes, de paroles, d'émotions et de réactions qui forment un véritable système, inscrit en soi jusque dans les circuits de notre cerveau, comme sur une disquette. Nos comportements, nos choix d'aujourd'hui, semblent découler pour une grande part de l'ensemble de ces données auxquels nous obéissons involontairement. Nous éprouvons même parfois la désagréable sensation d'être obligés de faire l'inverse de ce que nous souhaitons.

À l'image de cette pièce de théâtre, notre vie est ainsi composée d'un ensemble organisé d'images, de gestes, de paroles, d'émotions et de réactions qui forment un véritable système.

Nous sentons bien confusément que notre valeur personnelle s'amoindrit, pourtant il nous semble impossible de changer, ce qui se traduit par des leitmotiv, généralement formulés de la façon suivante :

- Je sais qu'il faut que ça change, oui mais...
- Je ne veux pas faire de mal à...
- Je suis trop gentil et ça me retombe dessus...
- Etc.

Bien évidemment, nous ne vivons pas tous le même degré d'influence de ces scénarios, qui agissent comme des programmes. Certains gardent une marge de manœuvre leur permettant de rester spontanés et naturels, de prendre les meilleures décisions possibles voire de rebondir après un échec. D'autres en revanche semblent privés de libre arbitre, et le scénario se réactive automatiquement face à une épreuve ou sous l'influence d'un état d'âme particulier, d'un environnement pessimiste.

Bien souvent, ce que l'environnement de notre enfance nous a apporté de positif et de constructif fait la différence, mais en la matière rien n'est jamais figé.

Bien souvent, ce que l'environnement de notre enfance nous a apporté de positif et de constructif fait la différence, mais en la matière rien n'est jamais figé. Sur le plan affectif, comme au niveau culturel ou matériel, nous naissons bien sûr tous avec un bagage différent. Cependant, chacun demeure libre de l'usage de cet héritage : le faire fructifier s'il nous convient, ou le dépasser et le transformer s'il nous fait souffrir… C'est pourquoi nous parlons de scénario : en fin de compte, nous nous racontons une même histoire, et si nous ne faisons rien pour la changer nous continuerons à croire qu'elle est la seule réalité possible !

Pour qu'un scénario négatif ne se répète pas à l'infini, pour sortir de la spirale de la répétition, une démarche intérieure est indispensable. Seul, en effet, un processus de réflexion modifiant radicalement notre état d'esprit peut nous aider à intégrer la nouveauté à notre vie. Ce travail permet des prises de conscience et un positionnement différent face à la vie. Il permet d'ouvrir des passages dans ce système autonome si bien organisé, et favorise l'émergence de nouvelles décisions. Pour reprendre du pouvoir sur sa destinée, il faut savoir se donner l'occasion de repenser son existence : même si les ressources intérieures se structurent dès la petite enfance, l'adulte lui a le pouvoir de renverser les situations qui ne lui conviennent plus, et peut décider d'aller vers le meilleur.

Chapitre 4

Les 12 scénarios de souffrance

VOICI à présent les 12 scénarios de souffrance les plus couramment rencontrés. Repérez celui qui représente le mieux ce que vous vivez, mais ne soyez pas étonnés si vous vous retrouvez dans plusieurs d'entre eux, car il n'est pas rare de porter en soi plusieurs blessures. Vous pourrez aussi en écrire un 13e, ce sera votre scénario, basé sur votre expérience personnelle. Ces possibilités de scénarios vous invitent à plonger en vous, pour découvrir vos freins et vos résistances au bonheur, pour comprendre pourquoi ils sont encore présents dans votre vie d'aujourd'hui. Ce sont eux qui sabotent et anéantissent vos projets, même lorsqu'ils semblent bien engagés, car ils génèrent un mécanisme psychique et vibratoire qui vous empêche d'accéder à vos désirs profonds.

Ces possibilités de scénarios vous invitent à plonger en vous, pour découvrir vos freins et vos résistances au bonheur.

COMPRENDRE LE NÉGATIF POUR MIEUX CHANGER SA VIE

Ces scénarios sont déclinés et analysés en deux phases. La première traduit la situation d'un point de vue rationnel, dont vous pouvez avoir conscience. La seconde phase examine le sens caché, c'est-à-dire l'origine inconsciente de vos freins face aux changements. Vous pourrez ainsi découvrir les motivations incons-

Identifiez le script
de votre scénario.

Comprenez qu'il n'est
que le reflet du passé.

Ressentez qu'il n'est plus
intéressant, maintenant !

cientes de votre mélodrame, les raisons profondes de vos blocages et de vos souffrances. Vous vous donnez ainsi la possibilité d'accéder aux solutions qui y siègent par principe : toute épreuve, toute souffrance, est porteuse d'une possibilité d'évolution, elle donne des clefs pour aller vers le changement.

Ce processus de transformation commence par une interrogation « Que se passe-t-il en moi ? » Se poser cette question, c'est ouvrir sa conscience à une nouvelle compréhension de la vie, c'est ouvrir la voie à ces prises de conscience qui permette de lâcher ce que l'on ne souhaite plus vivre.

A la fin de toutes ces histoires, une question très importante vous sera posée concernant vos nouveaux choix dans la vie. Il est donc capital de prendre conscience du scénario qui est le vôtre, afin de vous donner les moyens de le dépasser, de dire stop à un film qui se rejoue sans cesse, afin d'agir d'une nouvelle manière dans la réalité. Dans la vie, on a en effet toujours la possibilité de changer, rien n'est jamais définitivement écrit, pour peu qu'on le veuille sincèrement. Au fur et à mesure de votre lecture, vous apprendrez à faire délibérément de nouveaux choix. Vous saurez évincer les conditionnements de toute nature, ce qui vous fortifiera pleinement pour vivre votre quotidien.

Il est donc capital de prendre conscience du scénario qui est le vôtre, afin de vous donner les moyens de le dépasser

Les 12 scénarios de souffrance appelés aussi sabotage correspondent à 12 rôles principaux :

1 – le résistant
2 – le coupable
3 – le peureux
4 – l'indécis
5 – le pétrifié
6 – le contrôlant
7 – le défaitiste
8 – le décalé
9 – l'insatisfait
10 – l'illusionné
11 – le gaspilleur
12 – le gentil
13 – écrivez votre scénario

1 - LE RESISTANT

Mon leitmotiv

Je sais qu'il faut que ça change. Oui, mais…

Mon histoire

Je suis conscient que bien des choses ne me conviennent plus dans ma vie. Je peux identifier mon insatisfaction, je perçois émotionnellement ma frustration, pourtant il me semble que je n'ai pas d'autre choix que de la vivre.

« Il faut que ça change ! », est mon cri d'espoir ; il me révèle mon profond désir que quelque chose cesse. Pourtant, chaque fois que je veux concrètement entreprendre une action, des objections s'élèvent en moi et me paralysent. J'entrevois ce qu'il me faudrait faire pour mieux me sentir dans ma vie, et je me dis « Je pourrais faire ceci » mais aussitôt j'ajoute « Oui mais... » En plus, mes objections sont toutes si pertinentes que je ne sais pas comment les contourner ! Même quand on veut m'aider, je trouve toujours un obstacle, un Oui mais à invoquer.

Du coup, je ne bouge pas et mes objections ont le dessus. J'attends que la solution vienne de l'extérieur, des autres, car je me sens bloqué. C'est l'impasse.

J'attends que la solution vienne de l'extérieur, des autres, car je me sens bloqué. C'est l'impasse.

Pour une interprétation : Que se passe-t-il en vous ?

Vous avez fait le constat que votre vie ne correspondait plus à vos aspirations, mais cela ne suffit pas à déclencher le processus de changement dans votre réalité. Malgré tout, sachez que ce constat est un préalable à des décisions et des actes générateurs du mouvement qui vous pousse vers une nouvelle vie.

Cette phrase, « Je sais bien... Oui mais » peut être un mélange de résignation et de sur-adaptation à votre environnement. Peut-être avez-vous besoin d'atteindre un degré de saturation tel que le changement deviendra inévitable. Peut-être faites-vous partie des personnes chez qui c'est un choc ou une maladie qui précipite dans le changement.

Mais il est possible d'éviter d'en arriver à ces extrêmes-là. Pour cela, il peut être utile de concentrer votre réflexion sur ce que vous vivez de douloureux, afin de comprendre quelle est votre implication personnelle dans ces situations. Prendre ainsi conscience de votre responsabilité libérera votre puissance créatrice ; cela vous donnera la force nécessaire pour bouger les choses qu'il vous semble encore difficile de changer.

Sur un plan vibratoire, chaque fois que vous évoquez un « Oui, mais... », vous annulez tout ce que vous venez d'exprimer. Sans le savoir, vous mettez ainsi vous-même en avant votre principal obstacle : celui de la non légitimité de votre désir.

Il s'agit là d'un mécanisme psychologique de défense de votre ego qui a peur du risque et du changement. Pour vous empêcher d'agir, il pousse votre mental à se réfugier derrière des objections : « ... Oui mais les enfants sont trop petits » ou bien « ils doivent réussir leurs études », « ... Oui mais à mon âge ce n'est pas gagné », « ...Oui mais financièrement ce n'est pas possible ». Votre esprit rationnel est doué pour trouver toutes sortes d'objections pertinentes, que vous érigez comme des priorités face auxquelles vous vous sentez impuissant.

Votre esprit rationnel est doué pour trouver toutes sortes d'objections pertinentes

Il est d'autant plus difficile d'y faire face que ces objections sont imparables d'un point de vue purement logique et rationnel !

Certes, nous avons tous des obligations et des responsabilités, familiales et sociales, et il n'est pas question de s'y dérober. Mais la première responsabilité que nous avons n'est-elle pas vis-à-vis de nous-mêmes ? N'est-ce pas en étant véritablement fidèle à soi-même que l'on est le plus armé pour faire face à ses obligations ? En effet, sous couvert d'obligations, il faut prendre garde à ne pas prendre involontairement ses responsabilités vis-à-vis des autres comme un prétexte pour fuir celles que l'on a à son propre égard. Il y a de fortes chances pour que vos arguments et vos objections au changement soient liés à des facteurs extérieurs. Ce sont eux qui vous donnent ce sentiment d'impuissance, et vous placent dans une position de résistance passive où tout est immobile.

La première responsabilité que nous avons n'est-elle pas vis-à-vis de nous-mêmes ?

Une origine possible

Vous avez le sentiment de ne pas mériter ce qu'il y a de mieux. Parmi les multiples causes à ce sentiment, qu'il vous appartient de chercher dans une démarche personnelle, il est possible que lorsque vous étiez enfant vous avez appris à ne pas légitimer vos désirs et vos envies, du fait d'un univers autoritaire ou au contraire hyper protecteur. Si c'est le cas, il est possible qu'aujourd'hui encore vous subissiez cette inscription du passé : inconsciemment vous attendez le miracle qui vous éviterait de prendre votre pouvoir. Vous espérez qu'une décision de votre entourage ou le cours des événements vous évitera d'endosser la responsabilité du changement. Cela résoudrait votre dilemme, pourtant tout vous pousse à prendre les choses en main pour vous permettre de quitter votre rôle de victime.

Une solution à envisager

Il vous faut commencer par dédramatiser, en cessant d'envisager les conséquences les plus négatives que votre changement pourrait engendrer sur votre environnement. Vous récupérez ainsi toute l'énergie que vous utilisiez à résister passivement au changement, et découvrez votre puissance.

Acceptez votre puissance, cela vous donnera les moyens de cesser d'être manipulé par vos indécisions.

Oui, vous êtes puissant ! Jusqu'à présent, vous utilisiez cette force contre vous-même. Apprenez à la transformer dans un sens constructif. Acceptez votre puissance, cela vous donnera les moyens de cesser d'être manipulé par vos indécisions, votre irresponsabilité, votre auto dépréciation. Vous attendez de trouver un contexte plus favorable pour agir, mais sachez qu'il y a des situations génératrices d'émotions, quel que soit le contexte. Cela, personne ne peut l'empêcher. Malgré toutes vos précautions, vous ne pouvez éviter à vos proches de réagir émotionnellement. En revanche, vous pouvez leur donner une véritable présence, une écoute ; la meilleure manière de les aider au mieux dans ce passage est de leur expliquer les choses de manière adulte. Affronter la réalité vous rend plus mature et vous permet d'activer certaines de vos ressources, endormies jusque-là. Comme si votre vie intérieure et votre vie extérieure étaient liées, la première agissant sur la seconde par un phénomène de cause à effet.

Pour vous aider à surmonter votre résistance vous pouvez vous poser les questions suivantes : Qui ou quoi doit changer ? Moi, mes pensées, mes comportements ou une situation ? De quoi ai-je peur ? Qu'est-ce que j'aimerais faire ou avoir ? Suis-je prêt à me remettre en question ? Sur quelle ressource puis-je compter ? Si je me projette en pensée dans une nouvelle vie où le changement a réussi, quels sont les bénéfices que ma nouvelle situation m'apporte ?

En cessant de dire « Oui, mais... », vous lâchez l'idée qu'un miracle venu du ciel ou des autres résoudrait votre mal-être.

Pour de nouvelles croyances :

- → Vous êtes une personne puissante.
- → Vous méritez d'avoir la vie que vous souhaitez.
- → Osez être heureux et vos proches en profiteront.

2. LE COUPABLE

Mon leitmotiv

Je ne veux pas faire de mal à...

Mon histoire

Je ne veux pas blesser mes enfants, mon mari, ma femme, mes parents, mes collègues, mon patron... La liste peut être longue quand je mets toujours les autres avant moi !

J'éprouve au plus profond de moi la nécessité que, surtout, mon changement ne fasse subir à mon entourage aucune conséquence négative. Je ne peux supporter l'idée d'être à l'origine de la moindre souffrance, et pour ne pas endosser l'image du méchant et de l'égoïste je suis prêt à tout pour ne pas faire de vague. Y compris à nier mon désir profond de changement affectif, familial, professionnel...

Pour une interprétation : Que se passe-t-il en vous ?

Il est illusoire de croire que l'on peut vivre sans faire de vagues, ou changer sans bouleverser un ordre précédemment établi.

Il est illusoire de croire que l'on peut vivre sans faire de vagues, ou changer sans bouleverser un ordre précédemment établi : si ce que vous changez en vous passait inaperçu, cela signifierait simplement que le changement n'a pas eu lieu.

« Je ne veux pas faire de mal » est votre cri de culpabilité. À vous empêcher ainsi d'exister pleinement, vous avez tendance à vous faire petit, à vous soumettre à ce qu'on attend de vous. Votre point faible : l'absence de foi en vous-même, un manque de conscience de votre valeur. Vous faites passer le désir des autres avant le vôtre, et le bien-être de vos proches avant votre équilibre personnel. Cette posture d'abnégation a fini par devenir inconsciente et, souvent, vous fait reculer le moment d'agir. Parfois, vous abandonnez carrément l'idée même du changement.

Une origine possible

Des facteurs multiples ont pu ancrer en vous un sentiment de culpabilité. Peut-être que vous avez été habitué, dès l'enfance, à penser « les autres avant moi ».

Il vous semble que pour être accepté, vous ne devez surtout pas aller contre la volonté des autres, ni faire quoi que ce soit qui puisse les heurter, espérant même peut-être faire leur bonheur, quitte à nier le vôtre. Vous mobilisez une grande partie de votre énergie dans une extrême attention à votre entourage, à ses attentes et à ses réactions.

Par crainte de décevoir l'autre, vous avez du mal à exister tel que vous êtes. Un sentiment profond de culpabilité vous empêche d'être attentif à vos aspirations. Pour ne pas blesser, vous vous soumettez même si la révolte sourde en vous. Or, en vous niant pour faire plaisir, vous apportez en réalité moins d'amour véritable à votre entourage, car on ne peut respecter l'autre que si on se respecte soi-même. On ne peut véritablement aimer que si l'on apprend à s'aimer soi-même, tel qu'on est, avec ses qualités et ses défauts, ses forces et ses faiblesses.

Par crainte de décevoir l'autre, vous avez du mal à exister tel que vous êtes.

Une solution à envisager

Vous devez vous demander en toute sincérité « Qu'est-ce qui m'empêche d'être vraiment moi ? Au fond, de quoi ai-je réellement peur ? De déclencher un conflit ? De faire souffrir l'autre ? De le décevoir ? Ai-je peur de ne plus correspondre à l'image idéale que je me suis forgée de moi ? Ai-je peur de ne plus être aimé si je suis moi-même ? »

Le fait d'entrer dans ce processus de réflexion et de questionnement peut clarifier vos véritables motivations. Cela vous aidera à comprendre que vous ne pouvez pas construire votre vie sur les attentes des autres, sur la peur de déplaire ou sur la culpabilité d'être tel que vous êtes. Ne vivre qu'en fonction des autres, c'est remettre votre pouvoir entre leurs mains. Vous abandonnez ainsi votre esprit d'initiative, ce qui vous donne le sentiment d'être soumis à la réalité extérieure.

Vous devez trouver le courage de vivre votre vie et de faire la paix avec vous et votre histoire.

Vous devez trouver le courage de vivre votre vie et de faire la paix avec vous et votre histoire. Pour cela, il peut être utile de lâcher la fidélité que vous entreteniez avec votre souffrance, donc avec votre passé. Apprendre à tourner la page, c'est aussi se délivrer de l'inscription du passé, qui vous permettra de transformer cette énergie en la retournant. Il vous sera alors plus aisé de lâcher l'illusion d'un monde idéal, où tout se passerait sans une ombre et où vous seriez une personne toujours exemplaire.

C'est vis-à-vis de vous-même que vous avez le devoir de faire de votre mieux en toute circonstance. Pour cela, veillez à ce que vos pensées, vos paroles et vos actes tendent vers une même cohérence. Vous vivez ainsi sans tension excessive, au plus près de cet équilibre intérieur qui vous vivifie et où vous cessez d'avoir peur de faire du mal aux autres.

Pour de nouvelles croyances :

→ **Faites la paix avec ce que vous n'aimez pas en vous.**
→ **Lâchez le désir d'être parfait et cessez de vouloir plaire à tout prix.**
→ **Respectez-vous infiniment, quoi qu'il se passe.**

3. LE PEUREUX

Mon leitmotiv

Je n'ai pas assez confiance en moi et tout se bloque !

Mon scénario

Mes hésitations ont souvent raison de ma bonne volonté. Je me sens vulnérable, et dès que surgit en moi un désir de changer quelque chose dans ma vie, c'est ce manque de confiance qui m'envahit. Puis la peur m'étreint. Et si je n'y arrivais pas ? Et si je voulais quelque chose d'impossible ? Et si ce n'était pas pour moi ?

J'ai le sentiment de me heurter à un mur et cela stoppe net mon élan. Si en dépit de mes craintes j'y vais quand même, mes projets ont tendance à s'écrouler tout seul. À peine ai-je envisagé quelque nouveauté dans ma vie que je réveille une incertitude inscrite au plus profond de moi.

J'ai le sentiment de me heurter à un mur et cela stoppe net mon élan.

Pour une interprétation : Que se passe-t-il en vous ?

Vous vous sentez encore démuni face à certaines circonstances de la vie. Il est possible qu'étant enfant, vous ayez eu le sentiment de ne pas recevoir la permission de réussir ce que vous entrepreniez : vous manquez de foi en vous-même et, pétri de doutes, vous pensez ne pas être capable d'y arriver.

Une origine possible

Parmi les multiples causes possibles d'un manque de confiance en vous, souvent issue d'une combinaison de

L'une des «missions» d'un père auprès de son enfant consiste, par une attitude encourageante, à lui apprendre les règles de l'action pour qu'il puisse intégrer la permission de réussir et sache rebondir après l'échec.

facteurs, chez vous elle est peut-être liée à un manque de présence paternelle que vous auriez éprouvée durant l'enfance, que ce manque ait été réel ou non. Or, l'une des « missions » d'un père auprès de son enfant consiste, par une attitude encourageante, à lui apprendre les règles de l'action pour qu'il puisse intégrer la permission de réussir et sache rebondir après l'échec. Un père distant, trop occupé, impatient, qui s'emporte, qui manque de pédagogie ou qui lui-même manque de confiance en lui peut avoir du mal à développer chez son enfant cette capacité d'action et de confiance. Si tel est le cas, vous pouvez avoir du mal à vous fier à votre propre jugement et à votre ressenti.

Une solution à envisager

Une fois devenu adulte, il vous est encore possible de dépasser une telle fragilité, en déposant dans votre intériorité la permission qui vous manque tant, par exemple en créant la figure symbolique d'un bon père. Vous pouvez pour cela visualiser toutes les qualités que vous aimeriez incarner, comme si vous portiez ce « héros » intérieurement. Puis imaginez-le agir envers vous d'une manière extrêmement constructive. Vous fabriquez ainsi volontairement l'image d'un père qui encourage vos expériences... Imaginez-le avec toutes les qualités que vous attendez de lui, puis finalement voyez-vous aboutir.

Retrouver ainsi la motivation élémentaire vous permet d'intérioriser ce qui vous aide à agir dans la confiance. En récupérant votre pouvoir personnel, vous contactez aussi votre capacité de choisir. Plusieurs suggestions seront proposées dans la troisième partie de l'ouvrage pour effectuer ce travail encore plus efficacement : vous permettez à une force nouvelle de couler en vous, sur laquelle vous pourrez vous appuyer en permanence. (Voir « Éliminer la peur et trouver la confiance », p. 243)

Avec le temps vous saurez domestiquer vos limites et conditionnement pour trouver en vous votre espace du libre arbitre.

Rassurez-vous si au début vous rencontrez des freins. Ils sont logiques et agissent sur vous dès que vous sortez de vos limites ou de vos conditionnements habituels. Mais avec le temps vous saurez les domestiquer pour trouver en vous votre espace du libre arbitre, votre pouvoir, et saurez apprendre à l'utiliser à bon escient.

Pour de nouvelles croyances :

→ **Donnez-vous dès maintenant la permission de reussir.**
→ **Sachez avancer étape par étape.**
→ **Choisissez d'obtenir ce que vous voulez dans la vie.**

4. L'INDÉCIS

Mon leitmotiv

C'est trop tôt, c'est trop tard, ce n'est pas pour moi.

Mon scénario

Le doute est intolérable et me fait parfois tourner en rond. J'y vais ? J'y vais pas ? Je ne cesse de balancer entre les deux options… En fait, je ne suis pas certain du type de changement que j'attends dans ma vie. Je ne sais pas réellement ce que je veux, ni ce qui est bon pour moi, et cette indécision me fait souvent faire marche arrière. Par peur de me tromper, j'ai pris l'habitude de différer mes actions, même quand je les sais bien fondées, prétextant mon incertitude quant à ce qui serait bon pour moi. D'autres fois, c'est ma peur de ne pas réussir à faire aboutir mon projet qui me fait croire que je dois absolument trouver le bon moment. Au fond, je suis habité par l'idée que les choses pourraient être pires qu'aujourd'hui.

Par peur de me tromper, j'ai pris l'habitude de différer mes actions, même quand je les sais bien fondées, prétextant mon incertitude quant à ce qui serait bon pour moi.

Pour une interprétation : Que se passe-t-il en vous ?

Cette peur de l'erreur bloque votre réel engagement. Votre élan intérieur est authentique, mais il est stoppé par le risque que vous n'êtes pas prêt à prendre. Vous voudriez être rassuré et assuré de l'issue de vos projets, afin que tout se passe au mieux pour vous et votre entourage. Lorsque vous pensez à ce que vous voudriez changer, vous êtes freiné par le sentiment de ne pas avoir de réponse assurée sur l'avenir. Vous savez ce que vous laissez derrière vous, mais avez du mal à vous projeter dans un avenir déterminé, et cette idée de ne pas savoir ce qui vous attend vraiment vous empêche d'agir.

Une origine possible

Là encore, il existe de multiples facteurs pouvant expliquer une telle indécision. Chacun doit les chercher dans sa propre histoire. Parmi les causes envisageables, il se peut que vous n'ayez pas appris à penser par vous-même lorsque vous étiez enfant, vous référant systématiquement à autrui. Aujourd'hui, vous avez la possibilité de changer votre habitude mentale, votre posture intérieure, afin de vous faire confiance et d'agir selon vos convictions. Pour entrer au contact de vos vrais besoins, pour les valider et avoir une chance de les satisfaire, commencez par vous occuper de « petits désirs ». Vous apprendrez ainsi pas à pas à savoir ce qui est bon pour vous.

En vous tournant vers votre ressenti et en faisant confiance à votre intuition, vous pourrez accéder à certaines informations vous concernant. Cependant, il est probable qu'au début la force de votre indécision y dépose un voile, derrière lequel vous ne percevez pas très clairement ce que vous voulez vraiment.

Une solution à envisager

Pour changer d'attitude, il vous faut accepter de passer par l'expérience. Vous devez aussi vous donner le droit de vous tromper, et reconnaître que l'erreur fait partie du processus d'évolution. Ne dit-on pas que chaque erreur est riche d'enseignement ?

Pour changer d'attitude, il vous faut accepter de passer par l'expérience. Vous devez aussi vous donner le droit de vous tromper, et reconnaître que l'erreur fait partie du processus d'évolution.

L'acceptation d'un éventuel échec permet de lâcher cette pression que vous vous imposiez involontairement. En domptant votre peur, vous trouvez en vous la force d'oser. Vous pouvez alors vous recentrer sur votre désir, puis sur votre décision qui peut s'y enraciner. En même temps, vous faites l'apprentissage de l'action.

Pour de nouvelles croyances :

→ Acceptez de vous tromper.
→ Dédramatisez toutes les situations.
→ Acceptez de savoir ce que vous voulez vraiment.

5. LE PÉTRIFIÉ

Mon leitmotiv

J'ai peur de tout perdre.

Mon scénario

Je souhaite prendre des décisions pour une nouvelle vie mais j'ai peur de devoir payer très cher mes nouveaux choix de vie.

Je souhaite prendre des décisions pour une nouvelle vie mais j'ai peur de devoir payer très cher mes nouveaux choix de vie. Cela me rend extrêmement vulnérable. Je donne prise au chantage de l'autre, et je me sens comme un enfant pris sur le fait que l'on menace d'une sanction grave.

Si par exemple je souhaite me séparer mais que mon conjoint me menace « Si tu veux partir, quitte la maison mais tu n'auras rien », ou encore « Si tu pars, je garde les enfants et tu endosses tous les torts », voire même « Si tu me quittes, je me suicide »…, il est naturel que la peur m'étreigne. La menace ou le chantage affectif font peser sur la perspective de prendre ma liberté une charge insupportable. J'ai contribué à l'investissement dans la maison, je ne peux envisager d'en partir les mains dans les poches. J'aime mes enfants et il est hors de question que je les abandonne. Je ne veux bien évidemment pas la mort de l'autre même si je souhaite le quitter, bref, toutes ces menaces me paralysent et risquent d'avoir raison de ma détermination.

Pour une interprétation : Que se passe-t-il en vous ?

Vous êtes tyrannisé et peut-être prenez-vous conscience que ce jeu dure en réalité depuis longtemps, mais que sans le savoir vous l'avez laissé s'installer. Seulement, par votre désir de vous libérer, l'autre fait monter la pression à son paroxysme. Vous allez devoir puiser dans votre force intérieure, elle vous permet de dépasser les menaces et oser traverser vos peurs.

Pour sortir de la soumission, vous allez devoir dompter le tyran en face de vous, mais surtout celui qui est tapi au fond de vous-même : c'est en acceptant de reconnaître que cet aspect tyrannique existe aussi en vous que vous pourrez rencontrer votre pouvoir personnel. Aujourd'hui cela vous semble peut-être impensable, mais vous comprendrez que si vous êtes en présence d'un tyran, c'est que celui-ci réside initialement au fond de vous. Vous avez attiré un partenaire en résonance avec cette part sombre de vous. Vous avez été son objet, mais inconsciemment il a tout autant été le vôtre, car de manière inconsciente la victime exerce aussi un pouvoir sur l'autre… Rappelez-vous qu'il n'y a pas de hasard ! (Voir « Victime ou dominant, un même piège à éviter », p. 145)

Pour sortir de la soumission, vous allez devoir dompter le tyran en face de vous.

En poursuivant votre processus de maturation, vous pourrez renoncer à cette dépendance involontaire dans laquelle vous vous êtes placé. Dans certains cas, il peut être nécessaire de se faire accompagner pour sortir d'une relation de dépendance, surtout si la menace de l'autre vous expose à un réel danger.

Une origine possible

Dans votre vie amoureuse, il est probable que vous soyez parti à la recherche d'un partenaire protecteur, ayant peut-être de la prestance, du charisme ou de l'autorité. Vous y avez rencontré la domination. Parmi les nombreuses explications d'une telle union, l'une d'elles peut être liée à votre relation au père, qu'il ait été trop dominateur ou au contraire trop effacé pour pouvoir être réellement protecteur. Cela a pu vous conduire à projeter son image sur votre partenaire. Pour déceler votre part de responsabilité dans cette relation, il vous faudra découvrir par un travail personnel ce que réellement vous en attendiez, afin de ne pas reporter sur l'autre toute la responsabilité, en lui attribuant l'étiquette du méchant. Chercher au fond de vous pour trouver vos motivations profondes est également indispensable pour ne pas retomber dans le même genre de relation.

Une solution à envisager

Lorsqu'on est pétrifié, on peut avoir besoin de se faire aider dans ce passage, tant au niveau affectif que social.

Lorsqu'on est pétrifié, on peut avoir besoin de se faire aider dans ce passage, tant au niveau affectif que social.

Matériellement, vous pouvez faire appel à un avocat spécialisé en affaires matrimoniales pour connaître vos droits et vos devoirs. Une fois informé, vous pouvez mettre l'autorité de votre côté ce qui vous donnera plus d'assurance. Parallèlement, il vous faut peut-être apprendre à lâcher prise, en cessant de vous crisper sur ce que vous estimez devoir vous appartenir.

Sur le plan affectif, un ami ou une amie solide et de confiance sera un soutien précieux, surtout dans les moments où vous risquez de craquer. Malgré vos reproches à l'égard de votre partenaire, légitimes de votre point de vue, vous ne devez pas demander à cet ami de prendre parti, car cela ne ferait qu'encourager vos sentiments de rancœur et d'hostilité qui risquent de freiner le dénouement de votre histoire.

Sur le plan affectif, un ami ou une amie solide et de confiance sera un soutien précieux.

Vous pouvez enfin envisager de faire un travail intérieur avec l'aide d'un professionnel, le temps de ce passage. En commençant à vous prendre en charge psychologiquement et émotionnellement, vous vous donnez la possibilité de prendre réellement conscience de votre situation, et de comprendre les motivations profondes de vos actes. Consulter un thérapeute, une démarche de plus en plus courante, ne doit ni vous faire culpabiliser ni vous faire penser que vous êtes devenu fou : l'aide d'une personne formée à l'accompagnement peut au contraire se révéler nécessaire lorsqu'on doit apprendre à regarder en soi.

Ce travail est l'occasion de mettre un terme à la domination qu'exerce sur vous votre tyran intérieur. Cesser ainsi de vous tyranniser, cela signifie bien sûr vous rencontrer dans votre vulnérabilité, mais aussi dans votre force intérieure, pour réveiller des capacités endormies jusqu'alors : une vulnérabilité que vous cherchez à dissimuler vous rend encore plus vulnérable. Au contraire, une faille assumée vous rend plus fort, car vous ne laissez plus de prise à l'autre. Affronter cette nouvelle réalité permet de renverser l'énergie négative pour la transformer en force, et de dévoiler ainsi des parties de vous que vous ne pouviez pas soupçonner en temps ordinaire. Cette nouvelle conscience légitime vos choix. Elle vous vous permet de retrouver votre fierté et votre autorité intérieure : vous avez beaucoup à gagner à devenir vous-même !

Pour de nouvelles croyances :

→ Faites de votre force intérieure une alliée.
→ Dites non à tout ce qui est inacceptable.
→ Vous avez le droit d'être qui vous êtes.

6. LE CONTRÔLANT

Mon leitmotiv

L'autre doit changer !

Mon scénario

J'ai tendance à rendre l'autre responsable de ma souffrance et de mes difficultés. C'est à cause de lui que je ne mène pas la vie que je veux. Je me dis souvent « S'il changeait enfin, les choses iraient tellement mieux ! » Ce qui chez lui ne me dérangeait pas autrefois m'horripile aujourd'hui.

Mais lui ne veut pas changer, se trouve très bien comme il est et ne reconnaît pas sa responsabilité. Si j'insiste avec bonne foi, car je suis convaincu d'être dans le vrai, je me heurte à sa résistance, je provoque des conflits.

Pour une interprétation : Que se passe-t-il en vous ?

Vous allez bientôt vous rendre compte que les choses ne peuvent pas fonctionner ainsi : votre désir de changement est totalement légitime, mais vous ne le placez pas au bon endroit.

Votre désir de changement est totalement légitime, mais vous ne le placez pas au bon endroit.

Un tel scénario peut être l'occasion d'effectuer un retour sur vous-même pour vous poser la vraie question : Et si c'était moi qui devais changer pour que ma vie s'améliore ? Grâce à ce retournement intérieur vous pouvez recentrer votre énergie sur le changement, qui devient réellement possible parce que vous revenez à la source de ce qui crée votre vie.

Apprenant à mieux vous connaître, vous apprenez à gérer vos émotions, à faire des liens entre votre passé et votre vie d'aujourd'hui. Vous distinguez peu à peu l'influence de certaines inscriptions, mémorisées dans votre corps et votre psyché. Vouloir que l'autre change, c'est éviter de se remettre en question, or pour trouver le chemin de son bonheur cette remise en question est souvent nécessaire. Si vous voulez changer quoi que ce soit dans votre vie, vous devez vous ouvrir à une vision plus objective de vous-même et accepter vos défauts comme vos qualités.

Ceci n'est pas toujours facile à admettre, mais comprenez qu'au fond, un sentiment de supériorité vous habite peut-être. Penser que c'est l'autre qui doit changer est souvent le signe d'une volonté de contrôle, de maîtrise : tout doit être comme vous le souhaitez. Sachez que votre véritable pouvoir créateur ne réside pas dans le contrôle de l'autre, mais bien dans l'acceptation pleine et entière de qui vous êtes.

Une origine possible

Un sentiment de supériorité cache souvent un sentiment secret d'infériorité.

Un sentiment de supériorité cache souvent un sentiment secret d'infériorité : il se peut que cette contradiction intérieure supériorité / infériorité vous pousse à être dans l'accusation. Ce que vous reprochez à l'autre correspond probablement à un trait de caractère que vous avez en vous mais que vous ne voulez pas voir, ou dont vous n'avez pas conscience. Sans le vouloir, l'autre éclaire une de vos zones d'ombre.

Une solution à envisager

Lorsque vous prenez conscience que l'autre est un miroir de vous-même, vous êtes prêt à créer les conditions de véritables changements. En rencontrant votre vulnérabilité en acceptant les facettes positives et négatives de votre être, vous sortez du jeu de l'accusation et de la manipulation. (Voir « Dépasser l'effet miroir et la projection », p. 139)

Vous avez là une opportunité privilégiée pour modifier certains paramètres de votre vie. Vous pouvez influer sur votre personnalité en dégageant du positif dans ce qui, à priori, était négatif. Vous opérez ainsi un changement de vibration en vous, ce qui conduit inévitablement à changer la nature de votre relation avec l'autre... Changez ! L'autre changera peut-être à son tour !

Changez ! L'autre changera peut-être à son tour !

Pour de nouvelles croyances :
- → Vous êtes parfait tel que vous êtes.
- → L'autre est parfait tel qu'il est.
- → Créez votre bonheur, il rejaillira sur vos proches.

7. LE DÉFAITISTE

Mon leitmotiv

Tout va mal dans ma vie, comme si j'attirais les problèmes...

Mon scénario

Il y a des périodes où tout se passe à l'inverse de ce que je veux, au point que je finis par me demander ce qui va encore me tomber dessus. Quand les choses vont mieux, je me dis que ça y est, cette période est finie, mais sans trop y croire... Puis un fait me ramène à nouveau dans cette série, et je me demande ce que j'ai bien pu faire pour mériter cela ! Ai-je vraiment droit au bonheur ? Est-ce que je me punis inconsciemment d'une faute dont je me sentirais responsable ? Suis-je sous l'emprise d'une sorte de malédiction familiale ?

Pour une interprétation : Que se passe-t-il en vous ?

Vous avez perdu une certaine maîtrise de votre vie et l'extérieur a toute prise sur vous.

Vous semblez vous être éloigné de vous, au point de rompre ce lien à vous-même : votre existence est ballottée d'un lieu à l'autre, vous traversez des tourmentes. Vous avez perdu une certaine maîtrise de votre vie et l'extérieur a toute prise sur vous, un peu comme lorsque vous étiez enfant.

Votre volonté ne semble pas assez puissante pour retourner les choses. Happé et trop concentré sur l'extérieur pour résoudre des problèmes, vous y gaspillez presque toute votre énergie. Comme il vous semble difficile de changer quoi que ce soit, vous vous sentez victime de la vie.

Une origine possible

À un moment donné de votre histoire, vous avez été expulsé de votre centre, cet endroit vraiment essentiel en vous, votre cœur d'être, votre pivot. Vous n'avez donc plus une manière de penser l'existence en cohérence avec votre besoin profond. Tout ce qui vous arrive de néfaste est en fait la projection de votre propre violence, que vous avez peut-être muselée depuis que vous êtes enfant. Même si vous ne la ressentez pas, elle existe en vous et certaines situations la mettent en évidence, vous poussent à la rencontrer. Avec cette vibration magnétique, vous attirez tout ce qui se passe : ce sur quoi vous focalisez votre attention a tendance à se produire automatiquement ; votre manière de penser votre vie conditionne votre devenir.

Votre peur du drame l'attire donc immanquablement… (Voir « Tout est vibration », p. 15)

Aujourd'hui vous n'en pouvez plus et touchez la limite du tolérable. Vous voulez que ça change, ce qui est un excellent point de départ.

Une solution à envisager

Vous devez en premier lieu décider avec force de récupérer votre capacité créatrice, afin de ne plus remettre votre pouvoir aux autres ou aux événements. Cette violence intérieure que vous retourniez contre vous est en réalité une énergie : vous avez la possibilité de la transformer. Pour en prendre conscience et l'accepter, vous pouvez réfléchir aux colères et aux rages que vous avez ravalées toute votre vie. Faites des liens entre vos émotions, les faits de votre vie et vos comportements qui en ont découlés, vous commencez à désamorcer ce scénario catastrophe. Dans cette lucidité vous rencontrez votre force intérieure, qui vous permet de vivre plus près de votre désir, de vos possibilités et de vos rêves.

Faites des liens entre vos émotions, les faits de votre vie et vos comportements qui en ont découlés, vous commencez à désamorcer ce scénario catastrophe.

Cet acte symbolique de retrouvailles est comme un pacte d'amour avec vous-même. C'est en embrassant vos dualités que vous guérirez de vos blessures, sans culpabiliser sur le passé : quand vous vous êtes inconsciemment éloigné de vos désirs vous ne saviez probablement pas faire autrement. Mais aujourd'hui, ce mécanisme vous fait souffrir car il n'est plus adapté à votre vie. En vous réappropriant vos vrais choix de vie, vous enclenchez le processus de maturité nécessaire à l'utilisation de votre libre arbitre.

Vous avez besoin d'abandonner cette idée de malchance, ce sentiment que la vie vous en veut. Vous rehaussez ainsi votre valeur personnelle, tout comme l'image que vous avez de vous et celle que vous donnez à autrui. Tournez votre regard sur ce qu'il y a de positif en vous, sur vos acquis.

Le simple fait de vouloir sortir de ce mode de fonctionnement, et de poser des actes en conséquence, fait émerger en vous des capacités et des ressources que vous ignoriez. Cela devient plus facile de vous fixer des objectifs sans crainte de l'échec. Par votre état d'esprit, de plus en plus positif et constructif, vous attirez des situations et des personnes bénéfiques, vous stimulez votre aptitude au bonheur.

Pour de nouvelles croyances :

→ **Décidez fermement de ce que vous ne voulez plus.**

→ **Pensez positif chaque jour.**

→ **Aimez-vous quoi qu'il se passe.**

8. LE DÉCALÉ

Mon leitmotiv

Moi je suis positif, mais j'attire des gens négatifs, qui critiquent... Je n'y comprends rien !

Mon scénario

C'est ma nature d'être plutôt positif et optimiste. J'ai plutôt tendance à voir le verre à moitié plein qu'à moitié vide. Ça me dérange d'attirer des personnes négatives, et puis c'est incohérent parce qu'elles ne sont pas en résonance avec moi. Étant dans un état d'esprit positif, je devrais en vertu de la loi de l'attraction être entouré de gens comme moi. Comment créer ce contexte positif qui me correspond ?

Étant dans un état d'esprit positif, je devrais en vertu de la loi de l'attraction être entouré de gens comme moi.

Pour une interprétation : Que se passe-t-il en vous ?

Les choses ne sont pas aussi catégoriques : ces relations vous poussent à vous interroger sur ce qui en elles fait écho chez vous, car elles vous tendent le miroir d'un aspect de vous. Même si vous ne vous y reconnaissez pas ! (Voir « Comment l'autre nous révèle notre ombre », p. 140)

Une origine possible

Autrefois, vous vous êtes peut-être sur-adapté aux désirs et aux besoins de votre entourage. Cela a pu vous conduire à nier votre ressenti. Aujourd'hui, les autres vous révèlent cette part d'inconscient : au lieu de les rejeter ou de les éviter parce qu'ils vous semblent négatifs, entrez dans une réflexion porteuse de prises de conscience. Peut-être avez-vous besoin de reconnaître que ces traits existent en vous. Ces personnes défaitistes vous renvoient à votre négativité, refoulée à un moment donné de votre histoire : plus ou moins consciemment, vous avez pu vous hisser dans une zone de votre personnalité plus vivable, en niant cette part d'ombre qui est votre propre négativité. Ce refoulement a conforté votre tendance à croire que certaines choses n'existent pas chez vous.

Plus ou moins consciemment, vous avez pu vous hisser dans une zone de votre personnalité plus vivable, en niant cette part d'ombre qui est votre propre négativité.

Une solution à envisager

La confrontation au négatif vous rend mal à l'aise ou vous déprime ? Mais si le négatif vous touche à ce point, c'est probablement qu'il existe aussi en vous. Demandez-vous quelle est la nature de ces défauts ou de ces attitudes si dérangeantes chez l'autre ? Que ressentez-vous en leur présence ?

Pour pouvoir réellement changer votre vie extérieure, tournez votre regard vers cette zone ombragée de votre intériorité. La regarder, l'accepter, vous fera comprendre qu'une souffrance demeure encore en vous. Cela ne signifie pas se conforter dans la souffrance, mais simplement prendre conscience de votre complétude. Votre capacité à vous aimer sous toutes vos facettes, même les moins lumineuses, vous permettra de mieux prendre soin de vous. Donc des autres.

Le simple fait d'admettre votre polarité négative, cesser de la refouler, la rend moins virulente. C'est seulement là que le négatif tend à quitter votre paysage relationnel. En effet, votre environnement ne s'ajuste jamais à l'image que vous avez de vous, ou à celle que vous voulez donner. La loi de l'attraction, au contraire, dit que votre réalité dépend de la conscience que vous avez de vous-même. Plus elle est profonde, plus vous vous regardez avec sincérité, plus vous pouvez transformer vos pulsions négatives, plus vous pouvez agir sur votre réalité.

En définitive, c'est la cohérence intérieure qui prévaut sur toutes les tentatives d'arranger la réalité. L'autre, même si vous le trouvez négatif, vous permet de vous rencontrer dans ce qu'il y a de méconnu en vous. C'est là que résident votre liberté et votre libre arbitre.

Pour de nouvelles croyances :

→ **Voyez toutes les dimensions de votre être.**
→ **Vivez et ressentez pleinement tout ce qui est positif en vous.**
→ **Vous avez le droit d'obtenir le meilleur de la vie.**

9. L'INSATISFAIT

Mon leitmotiv

Ma vie est plutôt tranquille, sans problème majeur... Pourtant je me sens insatisfait !

Mon scénario

C'est vrai, ma vie ne subit aucune tempête ! Mon couple, mes enfants, mes amis, mon travail... Rien ne me pose de réel souci. Je gère au mieux de mes possibilités les aléas de ma vie, et j'ai appris à faire la part des choses d'une manière adulte.

Cependant, je trouve tout moyen. Ni bien ni mal, juste pas très convaincant.

Je ne me sens pas vivifié par mon existence, et au fil du temps je me sens de plus en plus insatisfait. De quoi ? Je ne sais pas ! Je fais ce constat sans vraiment saisir ce qu'il se passe par moment. Je n'éprouve ni joie ni enthousiasme, et par moments un mal-être indicible et lancinant m'étreint. Quelque chose de vague et de confus.

En fait, secrètement, je rêve d'une autre existence.

Pour une interprétation : Que se passe-t-il en vous ?

Cette insatisfaction est le signe d'un manque profond. Il s'est installé dans votre vie sans que vous n'en ayez pris conscience. Avoir une vie tranquille ne vous nourrit plus suffisamment. Vous avez le sentiment de stagner, vous éprouvez un besoin impérieux de donner plus de sens à votre vie.

Vous éprouvez un besoin impérieux de donner plus de sens à votre vie.

Du plus profond de vous, vous ressentez une soif d'autre chose. De mouvement. Un appel vous incite à sortir de votre confort. C'est votre vie qui est réveillée par le processus naturel d'évolution. Vous pouvez y répondre en plongeant dans votre intériorité, où vous rencontrez une poussée vivifiante, un mouvement qui veut sortir.

Une origine possible

Une telle insatisfaction chronique sans objet précis dénote comme une peur de vivre des émotions ou des sentiments forts.

La personne s'est adaptée dans une moyenne pour ne pas faire de vagues auprès de son entourage, par crainte de vivre ou d'être bousculée par les événements, d'être abandonnée : en édulcorant chaque aspect de sa vie, on prend certes peu de risques. Mais la contrepartie de cette attitude, c'est que tout changement, toute évolution, sont freinés.

Une solution à envisager

Sur la terre aride des frustrations peut éclore un sincère désir d'évoluer. L'insatisfaction peut ainsi être un moteur pour passer à une vie plus consciente, pour pousser la porte de la connaissance de soi. C'est aussi une opportunité de renouer avec les espoirs et les rêves que vous avez pu un jour mettre de côté.

Sur la terre aride des frustrations peut éclore un sincère désir d'évoluer.

Sortir de votre zone de confort, vous confronter à l'inconnu, peut sembler autant effrayant que c'est attirant. Mais grandir, devenir plus vivant, plus complet, vous sentir à votre juste place, voilà ce qui peut être prioritaire. Votre nouvelle conscience vous permet de réajuster vos priorités, qui ne sont peut-être plus celles d'hier.

Pour de nouvelles croyances :
- → Osez ressentir vos vrais besoins.
- → Vivifiez votre existence.
- → Vous méritez le meilleur.

10. L'ILLUSIONNÉ

Mon leitmotiv

Je suis dans une démarche de conscience et j'ai compris beaucoup de choses sur moi. Mais les problèmes me tombent dessus. Ma vie ne change pas vraiment…

Mon scénario

Pas à pas, j'ai appris à me poser les bonnes questions pour me connaître. Je comprends mieux mon comportement et celui des autres, je saisis les interactions entre les deux. Mes réflexions m'ont ouvert l'esprit et je perçois différemment ma réalité.

Mon mental, me semble-t-il, est libéré des conditionnements de mon éducation. Je comprends mes émotions. J'estime être à même d'incarner ma force créatrice mais cela ne se produit pas. Les problèmes continuent de me trouver, ce qui ne me semble ni normal, ni logique.

Parfois, j'aimerais mieux être comme avant. Quand je ne me posais pas tant de questions, que je vivais inconscient de ce qui se joue en moi et autour de moi.

Pour une interprétation : Que se passe-t-il en vous ?

La réflexion, la compréhension et la conscience forment un trio nécessaire à la connaissance de soi. Celle-ci est le catalyseur du réel changement. Mais on peut se perdre à force de vouloir tout comprendre et tout expliquer rationnellement. Le mental conscient n'est pas tout puissant, vous ne devez pas non plus oublier la partie active de votre inconscient, où demeurent les pulsions et les émotions que vous n'avez pas encore su domestiquer.

On peut se perdre à force de vouloir tout comprendre et tout expliquer rationnellement.

Une origine possible

Plus ou moins consciemment, vous vous sentez peut-être envahi par des sentiments très forts comme la colère, la culpabilité... Il est possible que ce soit eux qui attirent encore à vous des situations douloureuses, ces mémoires liées à votre passé très lointain.

Comprenez que mieux vous connaître ne vous exemptera pas de devoir faire face à la douleur, aux problèmes, aux difficultés... La puissance intérieure, c'est tout sauf l'illusion de la toute puissance.

Une solution à envisager

Vous pensez certes différemment, mais chaque prise de conscience a besoin d'être validée par une action concrète, manifestation visible de vos prises de conscience, de vos convictions et de vos décisions. Elle en est la preuve de votre engagement à être vous-même, qui s'en trouve nourri et vivifié. Votre évolution personnelle trouve à s'exprimer dans votre vie concrète lorsque vous vivez dans la cohérence entre vos paroles, vos pensées, votre ressenti et vos actions. Vous faites ainsi reculer le pouvoir de vos peurs, de vos limites, qui se dissolvent peu à peu pour laisser la place à la véritable sécurité intérieure.

La conscience des choses ne crée pas le changement à elle seule : vous êtes lié à un entourage affectif, à un groupe social, où des influences positives ou négatives sont à l'œuvre. Seule une action réalisée en accord avec votre libre-arbitre vous permettra de sortir de vos conditionnements, sociaux et familiaux : vous avez le choix de ce que vous décidez pour vous-même. Votre lucidité, combinée à vos actions concrètes, génèrent une vibration qui incarne vos choix. Dès lors, vous augmentez l'arrivée de situations en résonance avec cette vibration, donc avec vos choix.

Votre lucidité, combinée à vos actions concrètes, génèrent une vibration qui incarne vos choix.

Face aux difficultés de la vie, souvenez-vous qu'il est capital de cesser de voir les épreuves comme des problèmes, pour les envisager comme des sources d'enseignement. Décentrez votre regard des événements, habituez-vous à chercher le sens de l'épreuve, à la voir comme un facteur de changement, pour tourner le négatif en positif. Cela vous permet d'évoluer, de grandir en conscience, et vous rapproche de votre force créatrice.

Pour de nouvelles croyances :

→ Agissez dans la réalité et donnez du sens à vos actions.
→ Choisissez ce que vous voulez vivre.
→ Augmentez le ressenti des émotions et sentiments positifs.

11. LE GASPILLEUR

Mon leitmotiv

J'ai beaucoup d'intuition mais elle ne me sert pas à grand chose.

Mon scénario

Lorsque je rencontre quelqu'un, je peux anticiper la manière dont les choses vont se dérouler. La suite des événements donne souvent raison à mon ressenti et à ma première impression. Si j'ai pressenti qu'il y aurait un problème, il arrive : mon intuition me prévient mais je ne peux rien empêcher. Je me demande donc bien à quoi ça m'a servi d'être prévenu... D'autres fois, je ne suis pas certain que mon ressenti soit de l'intuition, je n'y prête donc pas attention. Après-coup, il s'avère que j'aurais dû m'écouter, mais c'est trop tard.

Pour une interprétation : Que se passe-t-il en vous ?

Vous vivez la capacité intuitive de manière anecdotique et vous n'en faites rien. Avoir de l'intuition ne suffit pas à changer sa vie, encore faut-il l'écouter puis la valider dans la réalité. Pour profiter de son potentiel, vous devez apprendre à agir en fonction de votre intuition.

Une origine possible

Vous êtes peut-être dominé par la peur de vous tromper, par un certain pessimisme, par des espoirs illusoires. Vous êtes peut-être aussi sous l'emprise d'une éducation ou d'une forme de pensée logique et rationnelle, où l'intuition n'a pas sa place.

Une solution à envisager

Vous avez besoin de développer la confiance en vous, qui seule vous donnera le courage de suivre vos intuitions. Au plus profond de vous sommeille un réel savoir : l'intuition vous met au contact de votre petite voix intérieure. Elle se manifeste pour vous montrer la meilleure option à adopter en toute circonstance. Plus vous acceptez de vous laisser guider par votre intuition, plus vous observerez que la réalité valide vos ressentis, plus vous trouverez la force de vous faire confiance, ce qui aura tendance à améliorer considérablement votre vie.

L'intuition change votre état d'esprit, elle vous permet de prendre en main votre destinée. Pour la développer, vous pouvez intensifier la capacité de votre cerveau droit, polarité réceptive, sensible et intuitive, souvent associée à notre part féminine. (Voir « Le pouvoir de l'intuition », p. 126)

Pour de nouvelles croyances :

→ Croyez en toutes vos potentialités, même si vous ne les utilisez pas encore.

→ Votre intuition provoque de belles coïncidences.

→ Vous êtes plus puissant que vous ne l'imaginez.

12. LE GENTIL

Mon leitmotiv

Je suis trop gentil et ça me retombe dessus

Mon scénario

D'aussi loin que je me souvienne, j'ai toujours été gentil. La colère ou l'agressivité ne font pas partie de mon registre d'expression. Je ne peux pas me disputer et je ne veux nuire à personne. Je suis en général apprécié de mon entourage, qui me dit serviable.

La colère ou l'agressivité ne font pas partie de mon registre d'expression. Je ne peux pas me disputer et je ne veux nuire à personne.

Si je prends en compte le concept « J'attire à moi ce qui me correspond » je ne comprends pas ce qui se passe : mon attitude devrait m'occasionner des avantages, or au contraire ma vie se complique à cause de ma gentillesse. Quel est ce décalage entre qui je suis et la réalité de ma vie ? Ma gentillesse ne devrait-elle pas attirer bonheur et harmonie ?

Pour une interprétation : Que se passe-t-il en vous ?

La gentillesse et la bonté sont des vertus qui se transmutent en puissance intérieure et en force d'amour lorsqu'elles sont véritablement intégrées, c'est-à-dire lorsqu'elles sont le fruit de la cohérence entre vos pensées ou vos ressentis, vos paroles et vos actes : votre vie connaît alors un plein équilibre.

Mais si vous avez tendance à dire « oui » chaque fois qu'on vous demande un service, il se peut que dans l'après coup vous en éprouviez des contrariétés. De même, si vous dites oui à l'autre pour être gentil avec lui, alors qu'au fond vous pensez non, votre gentillesse peut conduire à de la frustration, au sentiment que l'on abuse de vous : chaque fois que derrière votre gentillesse se cachent des sentiments négatifs, plus ou moins conscients ; chaque fois que vous êtes serviable à contre cœur, en vous forçant, chaque fois que vous mettez le masque du sourire pour cacher votre mauvaise humeur, vous vous exposez à des contrariétés car vous brisez votre équilibre intérieur.

Une origine possible

Si elle vous pose problème, votre gentillesse a pu devenir un paravent derrière lequel vous cachez des sentiments plus difficile à exposer, ou des zones d'ombre inconscientes.

Si elle vous pose problème, votre gentillesse a pu devenir un paravent derrière lequel vous cachez des sentiments plus difficiles (ou pas) à exposer, ou des zones d'ombre inconscientes. Etant enfant, vous avez peut-être pensé qu'il fallait à tout prix être serviable, bon ou parfait pour plaire à votre entourage. Cette attente était peut-être réelle, mais peut-être était-elle le fruit de votre interprétation. Peu importe : pour coller à ce personnage, il vous a fallu réprimer les sentiments et les désirs contraires à l'image positive que vous vouliez donner. Pour demeurer fidèle à cette image idéale, vous avez appris à vous couper de vos besoins profonds, car cela calmait probablement vos craintes de ne plus être aimé. Vous ne vous permettiez pas d'exprimer la colère ou l'agressivité et avez appris à être soumis.

Votre plus grande peur ? Celle de déplaire, d'être rejeté ou abandonné. Sans le savoir, vous êtes entré dans un système de dépendance affective, dont l'un des moteurs est la recherche d'approbation. Cela vous a empêché de faire l'expérience de la confrontation, de l'opposition, du conflit. Même si vous l'ignorez, cet aspect révolté fait pourtant partie de vous. Dans votre dualité : il représente votre ombre.

Une solution à envisager

Cette ombre où vous avez enfermé vos émotions, vos pulsions et peut-être votre rébellion émet des fréquences : ce sont elles qui attirent à vous des personnes peu respectueuses. Ce que vous trouvez dérangeant chez les autres est en résonance avec votre côté ombre. L'énergie de cette dissonance doit vous inciter à faire face à tout ce qui est en vous, l'ombre comme la lumière.

La vie n'est pas méchante avec vous, dans ces rencontres-là, elle vous donne simplement l'occasion de compléter vos parties négligées. Ni bon, ni mauvais, encore moins parfait, vous devez accepter vos contradictions, vos soi-disant défauts, pour trouver l'unité. Les explorer, les mettre à jour, leur redonner une juste place vous permettra de vous focaliser sur ce que vous aimez en vous. Grâce à ces prises de conscience, vous saurez mieux vous respecter, en mettant des limites et en apprenant à dire non, sans pour autant devenir quelqu'un de méchant ! Les autres cesseront d'abuser de vous car une fois assumée, votre ombre n'a plus de pouvoir, ni sur vous ni sur les autres. Vous rencontrerez probablement des satisfactions plus profondes.

Ni bon, ni mauvais, encore moins parfait, vous devez accepter vos contradictions, vos soi-disant défauts, pour trouver l'unité.

Peu à peu, vous apprenez à faire cohabiter gentillesse et affirmation de vous, ce qui vous donne la force d'être vous et de choisir ce que vous voulez vraiment vivre !

Pour de nouvelles croyances :

→ Acceptez de voir en vous ce qui ne vous convient pas.
→ Focalisez-vous sur ce que vous aimez.
→ Acceptez de recevoir des cadeaux inestimables.

13. ÉCRIVEZ VOTRE SCÉNARIO

Donnez un nom au héros. Puis rédiger quelques lignes pour mettre en évidence la trame du scénario dont vous êtes le héros. Grâce à tout ce que vous savez et venez de lire, imaginez, ensuite, répondre à la question : que se passe-t-il en moi ? Ecrivez tout ce qui vous vient à l'esprit sans trop réfléchir. Au fond de vous, vous connaissez très certainement l'histoire à laquelle vous avez cru jusqu'à ce jour. Si ce n'est pas le cas, faites « comme si » vous saviez… dites vous « et si je sais, voilà ce que j'écris... ».

Puis laisser monter les solutions.

En fin de rédaction écrivez les 3 nouvelles croyances positives à intégrer. A présent, vous pouvez mobiliser les énergies et les sentiments nécessaires à votre mutation. Il est essentiel pour cela d'éprouver fermement et profondément un ras le bol de vivre ce scénario de sabotage. Cela vous permettra d'agir différemment dans la réalité car, comme je vous le rappellerai souvent dans cet ouvrage, vous avez le choix de faire différemment de ce que vous avez déjà fait. Dès que vous avez réellement conscience de ce que vous êtes en train d'expérimenter, vous devenez le témoin de ce qui se passe en vous. Cette position de recul vous donne l'occasion d'envisager autre chose pour vous.

A présent, la question fondamentale qui se pose à vous est : que voulez-vous créer maintenant dans votre vie ?

COMMENCEZ A ÉCRIRE VOTRE SCÉNARIO DE BONHEUR !

La page est tournée !

Aujourd'hui vous avez la possibilité de ne plus valider ce script et d'en stopper le déroulement. Vous avez le pouvoir de changer de programme comme vous le faites avec les chaînes de télévision. Lorsque vous regardez une émission ou un film qui ne vous plaît pas, vous décidez de changer de chaîne. En une pression, vous cessez de subir ce que nous vous ne voulez pas.

Décidez d'utiliser votre libre choix, car vous avez parfaitement le droit d'avoir la vie qui vous apporte bonheur, joie, plénitude. Le contraire n'est écrit nulle part ! Commencez à poser les nouvelles bases de la vie qui vous remplira et vous dynamisera pleinement. Si vous doutez encore que cela soit possible, accueillez simplement ces pensées et incluez-les dans le travail qui suit.

Décidez d'utiliser votre libre choix, car vous avez parfaitement le droit d'avoir la vie qui vous apporte bonheur, joie, plénitude.

Que voulez-vous
vraiment dans la vie ?

Utilisez votre pouvoir
pour créer votre bonheur
sans restriction.

Donnez-vous des objectifs
chargés de sens et vous
éprouverez de la joie, du plaisir...

Rédigez votre déclaration d'indépendance

Aujourd'hui, ..., (date)

.... (votre prénom)

Je décide fermement de dire stop au scénario
de..
je décide de cesser de le nourrir avec des jugements,
des critiques et des émotions négatives
telles que..............................

Même si je................ (écrivez vos doutes).
Mon projet.......................................
Je vis..
Je ressens..................................

Écrivez et exprimez à voix haute cet engagement envers vous-même pendant plusieurs jours. Puis rédigez un nouveau projet en quelques lignes. Celui-ci va commencer à remplacer l'ancien programme, pour cela demandez-vous : Qu'est ce que je veux réellement ? Qu'est-ce qui me remplirait de mes valeurs, d'émotions positives ? Qu'est-ce que je veux ressentir de bon ? Ou encore : Quel sentiment, quelle émotion positive mon projet une fois abouti me fera-t-il ressentir ? Qu'est-ce qui me rendrait (plus) heureux ?

2e Partie

Comprendre les grandes lois de la vie

Pour être en mesure de changer d'état d'esprit, commençons par comprendre quelle place nous tenons dans ce qui nous arrive au quotidien. Découvrons les grandes lois de la vie, de la relation à soi, à l'autre et au monde, pour retrouver notre force créatrice.

Chapitre 5

Comment nous attirons notre quotidien

Après avoir compris comment un scénario peut vous enfermer dans la répétition de certains schémas, voyons à présent comment acquérir un état d'esprit plus positif et ouvrir sa conscience à une nouvelle approche de la vie. De cette connaissance naît l'intelligence d'une force créative qui nous inspire de nouveaux choix essentiels pour une vie pleine de sens. Voici des pistes pour prendre en main sa destinée

NOUS SOMMES RESPONSABLES DE NOTRE VIE

L'idée que nous soyons responsables de ce qui nous arrive est difficile à intégrer, voire paraît choquante, tant nous sommes baignés dans une conception déterministe de la vie. De plus, à des degrés variés, nos comportements sont habituellement enfermés dans le cercle dominant - soumis. Pourtant, accepter notre responsabilité c'est aussi prendre la maîtrise de notre pouvoir créateur, pour être en mesure de mieux l'orienter. Cela implique que nous soyons sensibilisés à la conscience de soi et suppose que nous ayons commencé à nous confronter à nos blessures les plus profondes en faisant la lumière sur notre ombre. Pour récupérer notre pouvoir créateur, il convient par ailleurs de prendre

L'idée que nous soyons responsables de ce qui nous arrive est difficile à intégrer, voire paraît choquante, tant nous sommes baignés dans une conception déterministe de la vie.

conscience du mécanisme de projection. (Voir « Vivre des relations affectives sans projection », p. 187)

Enfin, nous devons transformer notre relation au pouvoir. En nous libérant ainsi de certaines formes de manipulations inconscientes, nous accédons à davantage de liberté, donc de libre-arbitre. C'est là que nous trouvons la capacité d'investir notre espace créateur.

En nous libérant ainsi de certaines formes de manipulations inconscientes, nous accédons à davantage de liberté, donc de libre-arbitre.

Plus nous nous dégageons des contraintes inconscientes, plus nos décisions et nos actions sont justes. Elles peuvent donc prendre racine dans la réalité, où elles donneront des fruits. Naturellement, cela n'empêchera pas certaines épreuves, profondément liées à la destinée de chacun et qui visent à nous faire grandir. Mais la conscience de nos mécanismes profonds nous apporte toujours une marge de manœuvre très appréciable qui peut, à certains moments, changer le cours des choses. Se libérer des schémas du passé permet de découvrir la vie dans le présent, où vous vous rendrez compte que vous êtes de mieux en mieux armés pour faire face aux épreuves de l'existence.

SE PENSER CREATEUR DE SA VIE, C'EST RETROUVER SON POUVOIR

« Je suis créateur de ma vie » : cette affirmation montre de quoi est capable celui qui se donne la permission d'intervenir sur sa vie...

Or, cette idée n'est pas acceptable si l'on attribue aux autres la cause de nos échecs, de nos malheurs. Se poser en victime, c'est en effet remettre aux autres son propre pouvoir. C'est, involontairement, se placer dans un rapport à autrui qui favorise sa prise de pouvoir sur nous. C'est, finalement, attirer la domination que l'on redoute. Paradoxalement, et on l'oublie souvent, la victime fait preuve d'un besoin de contrôle, et contribue à enfermer les autres dans une forme de dépendance. Elle exerce une influence sur son entourage, ne serait-ce que par son besoin d'un dominateur pour que le scénario puisse s'accomplir. Par sa plainte et son pessimisme, par son apparente vulnérabilité, par le sentiment d'impuissance et de non responsabilité qu'elle exprime, la victime, sans le savoir, attire magnétiquement son tyran. Seule une prise de conscience de ce mécanisme peut nous faire sortir de ce rôle. Nous nous posons en victime des autres, or en réalité c'est de nous-mêmes dont nous sommes en premier lieu la victime !

Par sa plainte et son pessimisme, par son apparente vulnérabilité, par le sentiment d'impuissance et de non responsabilité qu'elle exprime, la victime, sans le savoir, attire magnétiquement son tyran.

Vous savez à présent que des facteurs déterminants mais invisibles engendrent une grande partie de ce qui vous arrive, et avez compris qu'il faut naturellement compter avec votre ombre et son influence. Nous nous fabriquons tous un modèle de vie que nous suivons à la lettre. Seul un véritable cheminement intérieur permettra l'ouverture nécessaire pour changer de modèle et sortir de cette spirale domination - soumission. Nous pouvons alors assumer la responsabilité de notre vie sans, bien sûr, tomber dans la culpabilisation : précisons-le à nouveau, nous ne créons pas ces situations de souffrance consciemment. Elles sont simplement un mécanisme de défense, mis en place il y a très longtemps et dont nous prenons conscience à un moment donné de notre vie.

En transcendant certaines contraintes sociales, familiales et identitaires, nous pouvons plonger dans la partie consciente de notre pouvoir créateur et récupérer toute notre capacité à choisir. Accepter intellectuellement ce postulat que le changement est possible et doit venir de nous et en accepter les règles, implique un certain nombre d'éléments :

- Instinctivement ou intuitivement, nous ressentons la pertinence d'une telle affirmation,
- Nous intégrons comme modèle de vie cette idée que le changement viendra de nous,
- Nous nous plaçons dans une vision non déterministe de l'existence,
- Nous prenons en compte des facteurs psychologiques sans pour autant nier l'aspect spirituel.

Pour aller vers le changement, il est indispensable d'accepter de voir la réalité telle qu'elle est, car c'est sur la base du réel que l'on peut changer.

IL FAUT ACCEPTER POUR POUVOIR CHANGER

Pour aller vers le changement, il est indispensable d'accepter de voir la réalité telle qu'elle est, car c'est sur la base du réel que l'on peut changer. Mais attention ! Si reconnaître que les choses, aujourd'hui, « sont ainsi », ce n'est pas pour autant se résigner en pensant « et c'est très bien comme ça », ou encore « et je n'y peux rien » ! Accepter objectivement de voir la réalité telle qu'elle est n'implique pas pour autant de considérer que tout soit juste et parfait dans le monde, au sens rationnel, même si certains mouvements spiritualistes new-age répandent cette idée. Involontairement, c'est là une posture qui encourage la passivité, et peut conduire à une mauvaise interprétation de la notion de détachement, où l'idée de responsabilité perd tout son sens... Penser « Je suis créateur de ma vie » ne nous empêche aucunement de nous battre pour construire un monde meilleur. La responsabilité touche notre vie personnelle, mais s'étend aussi à tout ce dont on prend conscience, car elle nous engage à agir en toute circonstance. La lucidité nous confère des devoirs envers nous-mêmes, mais aussi envers l'autre, notre environnement et la planète.

Penser « Je suis créateur de ma vie » ne nous empêche aucunement de nous battre pour construire un monde meilleur.

À ce propos, il est indispensable d'être attentif aux mots que l'on formule : dès que nous sommes contre quelque chose, nous renforçons automatiquement la situation car notre posture négative de résistance nourrit notre engagement d'énergie négative. En ce sens, plutôt que de lutter contre le chômage, contre la guerre, contre le racisme, il est préférable d'agir pour l'emploi, pour la paix, pour la fraternité, etc. Les mots utilisés ont un impact, choisissons donc d'agir pour le positif. (Voir « Choisissez les mots de votre nouvelle réalité », p. 263)

Qu'il s'agisse des problèmes du monde ou de ses propres parts d'ombre, lutter contre c'est se poser en victime. Cette posture négative empêche toute évolution car elle renforce l'objet de notre lutte qui, précisément, se nourrit de l'énergie négative. Sur un plan personnel, la victime, même si elle attire la sympathie, s'empêche d'être

Vous provoquez ce à quoi
vous croyez pleinement.

Remettez en question
les modèles de vie qui
vous limitent.

Trouvez votre force de
conviction elle va nourrir
votre capacité à agir.

responsable de ce qui lui arrive. Chercher un coupable, cela peut rassurer, mais en réalité c'est remettre son pouvoir personnel à l'autre. C'est s'empêcher de devenir créateur de sa vie. Ne pas reconnaître sa part de responsabilité – qui n'empêche pas celle de l'autre – enferme dans la spirale de répétition, celle du fameux scénario, rejoué sans fin si nous n'y mettons pas un terme. Le film Un jour sans fin, avec Bill Murray dans le rôle d'un journaliste de presse locale désabusé par la vie, illustre parfaitement cette aliénation : chaque matin, il vit une journée rigoureusement identique à la précédente, jusqu'à dans ses moindres détails. Comme si sa vie était un disque rayé… Il cherche à sortir de la répétition stérile de cette journée, de cette vie où il se passe toujours les mêmes choses, mais aucun stratagème ne fonctionne : ni la manipulation des autres, ni faire le bien autour de lui… La mort ne veut pas non plus de lui : il se suicide mais le lendemain sa journée recommence, identique ! Il finit par comprendre que c'est son état d'esprit qu'il doit changer, et qu'il doit certes faire le bien autour de lui et s'intéresser aux autres mais sincèrement, et sans idée de reconnaissance ni de rétribution. Il s'ouvre ainsi à son intériorité et à sa vulnérabilité. C'est cela qui lui permet de récupérer le fil du temps, et sa vie, en bien mieux…

Chercher un coupable, cela peut rassurer, mais en réalité c'est remettre son pouvoir personnel à l'autre.

RIEN N'EST ÉCRIT A L'AVANCE

Face à une même situation, certains se sentent anéantis quand d'autres gardent le cap et savent rebondir, voire même tourner les faits à leur avantage. La manière dont nous avons vécu les difficultés de l'existence, notre milieu social, notre famille et son histoire trans-générationnelle, tout cela a pu conditionner notre capacité à changer dans la vie. Mais c'est notre philosophie, déterministe ou non, qui tient une place essentielle dans le processus du changement : plus nous croyons en la force de la prédétermination, plus nous réduisons l'espace créateur de notre pouvoir sur notre vie. Nous pensons être aujourd'hui là où le destin a voulu que nous soyons, et disons « C'est comme cela, je n'y peux rien ». Nous ne pouvons envisager aucune grande surprise pour notre futur...

Un tel état d'esprit pousse à une forme de fatalisme vis-à-vis des influences du passé, ce qui empêche notre volonté et nos désirs de réellement influer sur la réalité. Nous prolongeons notre histoire avec une sorte d'obéissance non réfléchie à des schémas sociaux et familiaux, épousant le tracé d'un chemin décidé par d'autres. Nous laissons passer à travers nous le meilleur comme le pire. Agissant comme on nous l'a inculqué, nous transmettrons cet héritage à nos enfants.

Nous laissons passer à travers nous le meilleur comme le pire.

Cultiver une philosophie non déterministe de la vie permet d'ouvrir à l'intérieur de soi un espace créateur. Là où le libre-arbitre pourra orienter notre vie. Depuis cet espace créateur, nous allons pouvoir accéder à un réel changement. En récupérant cette force du libre choix, nous trouvons facilement les capacités pour le mettre en œuvre concrètement. Nous vivons l'expression « Je suis créateur de ma vie », en agissant sur les aspects de notre vie qui ne nous conviennent plus, qui nous emprisonnent. Si nous lâchons notre scénario répétitif, nous pouvons même radicalement changer de vie. Mais ces changements ne peuvent avoir lieu que si nous entrons dans un processus de conscience de nous-mêmes, de nos mécanismes et de nos zones d'ombre, base sur laquelle peut s'édifier ce que l'on attend de l'existence.

Si nous lâchons notre scénario répétitif, nous pouvons même radicalement changer de vie.

Pourtant, même dans cet état d'esprit ouvert à tous les possibles, il est probable que nous ayons quand même à faire face à certaines de nos peurs et que, sans le savoir, nous activions des freins. Ceci est tout à fait normal, car la maîtrise de nos pensées et de nos émotions demande souvent un peu de temps. Mais plus nous resterons attentifs à ce qui se passe en nous, plus nous récupérons, peu à peu, notre pouvoir sur notre vie. Quels que soient le milieu de notre famille, notre niveau social d'aujourd'hui, nos souffrances d'enfant et nos douleurs d'adulte, nous pouvons tous espérer changer si nous ouvrons notre conscience à cette nouvelle conception de la vie.

Notre état d'esprit et notre intelligence créative permettent de dépasser schémas et scénarios habituels. A nous de savoir dire stop, pour cesser de nous laisser manipuler. A nous aussi d'apprendre à nous faire confiance, d'avoir foi en nos capacités de changement, pour ne plus attendre d'être rassuré à propos de ce qui pourra advenir demain, car la peur de l'avenir alimente la boule de souffrance.

Imaginons, aujourd'hui, la possibilité de changer et d'être heureux. Cela mobilisera la juste fréquence, celle dont nous avons besoin pour y parvenir.

Cesser d'être victime, c'est garder son pouvoir.
Choisir, c'est décider en mieux.
Exploiter pleinement son potentiel rapproche du véritable bonheur.

POUR UN REGARD PLUS OBJECTIF ET LUCIDE

Quand nous parlons de la « réalité », en fait nous évoquons la perception que nous en avons.

Quand nous parlons de la « réalité », en fait nous évoquons la perception que nous en avons. Or, cette perception est influencée par notre histoire affective, nos souvenirs, nos attentes et notre attitude mentale. Au fond, nous observons « le réel » à travers le prisme de notre mémoire. Nous analysons les situations présentes à partir de nos expériences du passé, nous faisant une représentation subjective de « la réalité ».

« La carte n'est pas le territoire » est un postulat de base de la Programmation Neuro Linguistique (PNL, inventée par Bandler et Grinder[7]). Cette assertion montre bien qu'il y a plusieurs niveaux de réalité. Chacun d'entre nous a une carte, c'est-à-dire une représentation avec laquelle il avance dans sa vie. Par exemple, un pessimiste sélectionne et, malgré lui, attache son regard aux seuls faits qui confirment son état d'esprit. Il

7. Bandler et Grinder *Les secrets de la communication, les technique de la PNL*, éditions Le Jour, 1982

peu même n'accorder aucun intérêt aux éléments positifs de sa vie, même si objectivement ils y occupent une place non négligeable, car ils ne rentrent pas dans sa « grille de lecture ». Reconnaître que le verre est aussi à moitié plein n'est pas possible pour qui a décidé qu'il était, avant toute chose, à moitié vide. Trop s'attacher au positif reviendrait, pour un pessimiste, à remettre en cause sa « carte du monde », même si de la sorte il méconnaît des éléments qui pourraient lui être les plus bénéfiques, et ne les fait pas fructifier : un pessimiste fait au contraire fructifier ce qui justement le fait souffrir, car cela le conforte dans sa grille de lecture de l'existence. Sans le savoir, il attire ainsi à lui des situations négatives. Mais être pessimiste aujourd'hui, cela ne signifie pas être condamné à rester pessimiste jusqu'à la fin de sa vie ! La lecture que nous faisons de toutes nos expériences est en effet marquée de notre construction personnelle. Si à la lumière d'un travail intérieur nous acceptons de changer notre point de vue, nous changeons aussi la lecture de nos expériences et, face à une situation déplaisante, nous saurons adopter l'attitude la plus juste. Et pourrons ainsi poser l'acte qui agira sur la réalité.

La lecture que nous faisons de toutes nos expériences est en effet marquée de notre construction personnelle.

Face à une réalité objective, nous avons le choix : l'ignorer, la nier, la dramatiser, la combattre ou encore l'accepter. Explorons cette dernière possibilité, car c'est la plus fructueuse. Qu'est-ce que signifie « Accepter la réalité » ? Quels avantages y a-t-il à accepter ce qui est aujourd'hui ? Accepter la situation présente ne signifie pas que nous soyons d'accord avec celle-ci. Ni que nous renoncions à la voir se régler, si elle nous fait souffrir. Mais l'acceptation est l'incontournable point de départ à une véritable possibilité de transformation : on ne peut agir que sur ce qui est. Accepter ce qui est, c'est lui donner une place juste dans notre histoire d'aujourd'hui. Ni plus, ni moins. Cette reconnaissance nous permet de récupérer notre responsabilité, car l'acceptation suggère que nous soyons disposés à prendre conscience de notre implication personnelle dans ce qui se passe. Cet état d'esprit objectif nous donne accès à notre puissance d'action, à notre force créatrice. Il nous rend donc plus apte à agir. Notre lucidité nous rend réceptif aux éléments positifs de chaque circonstance, aux leçons cachées derrière toute expérience.

Accepter de voir la réalité telle qu'elle est provoque une réorganisation de notre psychisme, qui nous donne accès à de nouvelles possibilités. C'est là une manière de montrer notre engagement à tourner les choses à notre avantage, et cela nous permet de trouver en nous les ressources pour assumer chaque situation. Au lieu de renvoyer la responsabilité sur l'autre, même s'il est concerné à son niveau à lui. Nous entrons ainsi dans la conscience de notre pouvoir créateur dès que nous faisons preuve de courage face à notre vie : accepter, cela signifie « Je reprends ma puissance d'action », « Je choisis le meilleur pour moi ».

Accepter de voir la réalité telle qu'elle est provoque une réorganisation de notre psychisme, qui nous donne accès à de nouvelles possibilités.

Faites preuve de lucidité dans toutes les situations.
C'est possible d'obtenir tout ce à quoi on aspire profondément.
Le présent crée notre devenir.

UN COUP DUR PEUT DEVENIR UN COUP DE CHANCE !

La perception et les sentiments que l'on éprouve face à ce qui nous arrive compte beaucoup dans sa résolution ou son aggravation. Les situations et les expériences sont neutres en elles-mêmes, mais nous les qualifions de négatives ou positives selon notre implication affective. C'est notre degré de maturité et de maîtrise émotionnelle qui influence notre regard sur la nature des faits, et nous donne la capacité de les modifier. Le même événement sera ainsi vécu par un tel comme une épreuve insupportable qui fait souffrir, alors que tel autre envisagera le même événement comme un défi à relever, une expérience à traverser pour grandir.

Le premier, paralysé par l'épreuve, perdra tous ses moyens de réaction car son état d'esprit engendre un grand stress. On peut l'entendre dire « C'est trop dur. Mais je n'y peux rien, c'est comme ça... », ou « Je suis impuissant », ou encore « Je souffre tant ! » Il s'identifie à l'épreuve comme si le phénomène faisait partie de lui, ce qui le déconnecte complètement de ses ressources et de son esprit d'initiative. Ces derniers sont pourtant toujours en lui, mais la souffrance par laquelle il se laisse happer lui en bloque l'accès. Son système auto organisé, tourné vers le négatif, le fait glisser vers une forme de victimisation qui, en retour, attire ce genre de situation douloureuse. Ce système auto organisé, ce sont des réactions et des comportements qui peuvent piloter intérieurement nos émotions, nos postures corporelles, notre manière de voir les choses… Si notre conscience ne prend pas sa place dans ces différentes facettes de notre existence, on peut vivre tout cela de manière automatique, comme en circuit fermé. Face à une même émotion, cette personne paralysée par l'épreuve peut ainsi avoir une réaction physiologique chaque fois identique, puis des paroles et des gestes automatiques, etc. En fait, n'ayant jamais appris à réagir autrement, elle cultive inconsciemment un penchant à la dramatisation. Par manque de distanciation d'avec les faits et de leur contexte, la personne fusionne avec cette réalité. Elle ne sait pas que ce qui arrive peut contenir ne serait-ce qu'un germe de positif, donc une possibilité de changement…

Vous devez être convaincu que vous méritez une vie meilleure.

Si vous vous reconnaissez dans ce genre de réaction face à l'épreuve, vous devez commencer par ancrer en vous la volonté profonde de sortir de ce système pour le stopper, et reconnaître qu'il ne vous apporte que de la souffrance. Vous devez être convaincu que vous méritez une vie meilleure. Bien sûr vous n'y parviendrez pas du premier coup ni dans toutes les circonstances, car on ne change pas un système de pensée ancré depuis l'enfance en un coup de baguette magique. Mais le plus grand des changements commence par un premier pas, et si vous veillez à vous construire un état d'esprit plus positif, vous verrez que peu à peu votre mode de réaction face à l'épreuve changera. Avant toute chose, évitez de vous enfermer dans les obsessions du mental, qui tournent en boucle : elles nourrissent votre angoisse, et renforcent la fréquence qui a engendré le problème. A partir de là, vous serez capable de mieux choisir ce que vous voulez vivre.

Face au même événement, vécu comme une épreuve insupportable par une personne à l'état d'esprit empreint de négativité, une autre personne à l'état d'esprit positif peut au contraire se trouver stimulée. Cette personne a la possibilité de prendre les choses en main car elle n'est pas manipulée par son pessimisme ou par une implication trop affective. Cela lui permet de rester en relation avec ses ressources intérieures, avec ses capacités de réaction et son esprit d'initiative. Elle peut donc orienter son attention vers la recherche d'une solution, et agir efficacement jusqu'à, parfois, retourner complètement la situation à son avantage. Constructive et optimiste, une telle personne collabore avec la réalité. Cela ne veut pas dire qu'elle ne ressente rien face à l'épreuve et aux difficultés, mais elle sait ne pas être déstabilisée par ses émotions négatives. Sa capacité de rebondir peut même lui permettre de transformer un coup dur en un véritable coup de chance…

Face au même événement, vécu comme une épreuve insupportable par une personne à l'état d'esprit empreint de négativité, une autre personne à l'état d'esprit positif peut au contraire se trouver stimulée.

CHANGER SON REGARD POUR CHANGER SA VIE

A ce stade de votre lecture, vous avez compris pourquoi il est essentiel de modifier notre manière de penser. Les mots, prononcés ou simplement émis dans notre tête, traduisent et connotent les faits. Ce sont des clés attractives sur le plan vibratoire, qui ouvrent ou ferment une situation pour celui qui les dit, mais aussi pour celui qui les entend : songez à une conversation avec un ami qui passe son temps à se plaindre, puis imaginez un moment en compagnie d'une autre personne enthousiaste et optimiste...

Selon la nature d'une situation, notre langage peut porter l'empreinte de notre histoire émotionnelle ; si cette empreinte est négative, il faut veiller à ce qu'elle ne prédomine pas dans nos paroles.

Selon la nature d'une situation, notre langage peut porter l'empreinte de notre histoire émotionnelle ; si cette empreinte est négative, il faut veiller à ce qu'elle ne prédomine pas dans nos paroles. Pour créer davantage de situations favorables, entraînons-nous donc à penser de manière positive et constructive. Si cela ne fait pas partie de nos habitudes, pour y parvenir pas à pas, nous pouvons commencer par discipliner notre volonté afin de mobiliser en nous les ressources utiles, ce qui permettra d'enclencher un retournement intérieur en notre faveur.

Concrètement, comment procéder pour changer de regard ? Pour commencer, soyons attentif à ce que l'on dit, afin de repérer les mots que nous employons le plus couramment. Nous les pensons, les écrivons, les exprimons, les ressentons, et en retour ils génèrent une vibration particulière en nous, influent sur l'atmosphère autour de nous : les mots sont vivants ! (Voir « Tout est vibration », p. 15)

Voyez la liste qui suit, colonne par colonne, et ressentez l'ambiance dans laquelle chaque colonne vous plonge :

Douleur	Amour
Souffrance	Enthousiasme
Manque	Confiance
Mal	Sourire
Impossible	Succès
...	...

Vous avez constaté que les mots de la colonne de gauche vous plongent dans un état d'esprit plutôt négatif, tandis que ceux de la colonne de droite vous réjouissent : les mots émettent constamment des vibrations, lesquelles vont chercher à l'intérieur de nous des émotions correspondantes. A leur tour, ces vibrations seront envoyées dans notre corps, puis vers l'extérieur, où elles se manifesteront dans la réalité, événements comme rencontres. Ainsi, chaque situation que nous rencontrons dans la journée est une réponse à notre vibration intérieure, comme si nous nous « branchions » automatiquement sur la même fréquence que celle qui vibre au-dedans de nous. Nous avons donc tout à gagner à devenir conscients de cette énergie qu'on laisse agir à travers nous. Positive et constructive, elle nous permet de faire des choix en accord avec nos aspirations profondes.

Chaque situation que nous rencontrons dans la journée est une réponse à notre vibration intérieure

Analysez les mots de votre quotidien

Interrogez-vous sur les vibrations que vous émettez quotidiennement, en analysant les mots qui reviennent le plus souvent dans vos pensées, en écoutant ceux que vous prononcez le plus couramment.

Cet exercice est intéressant à comparer dans la durée, vous pouvez donc tenir un petit carnet où vous inscrivez aujourd'hui les mots les plus récurrents de votre vocabulaire. Faites la liste pour ce qui est de vos pensées, puis pour ce qui est de vos paroles. Il peut être intéressant de comparer les deux listes.

Etablir ces listes vous permettra de rester attentif aux mots que vous laissez passer en vous toute la journée. Faites à nouveau cet exercice après quelques semaines, ou quelques mois, pour vous rendre compte de l'évolution de votre conscience.

Comparez à présent les mots que vous utilisez le plus couramment avec les situations que vous vivez actuellement. Vous conviennent-elles ? Si vous n'êtes pas satisfaits de votre vie c'est que, involontairement, vous avez laissé s'installer une certaine forme d'énergie en vous et autour de vous. Il ne sert à rien de culpabiliser pour cela, car on ne peut pas être maître de ce qu'on ignore... Mais aujourd'hui que vous pouvez prendre conscience des liens entre votre état intérieur et votre réalité extérieure, que ce soit sur le plan relationnel ou matériel, vous avez le choix de prendre les choses en main en agissant avec conscience. Pensez différemment, parlez plus positif, apprenez à ne pas vous laisser entraîner par l'énergie des personnes qui vous « tirent » vers le bas ou vous démoralisent. Reprendre ainsi la maîtrise de son existence, c'est un acte d'amour pour soi et pour ses proches. Nous sommes tous reliés par les vibrations que nous émettons, chacun de nous a donc un impact réel sur son environnement. En prendre conscience permet de tirer nos pensées et notre langage vers plus de positif, ce qui donne toutes les chances à notre vie de changer dans cette même direction.

Expérimentez le changement de regard

Je vous invite à présent à faire l'expérience du changement de regard. Pour ce faire, retrouvez une situation récente, résolue ou non, mais que vous avez qualifiée de pénible...

Voyez-la dans son ensemble : les personnes concernées, les différentes issues possibles, négatives et surtout positives. Puis projetez-vous dans l'avenir et faites comme si les choses se solutionnaient. Voyez quelle est votre éventuelle responsabilité, cela vous aidera à prendre conscience de votre implication négative dans les faits.

En considérant cela, sans vous juger bien sûr, vous vous donnez la possibilité de contacter en vous une certaine capacité d'agir. Imaginez que cette situation se soit présentée dans votre vie pour vous faire grandir, pour vous permettre d'évoluer, puis demandez-vous quelles qualités, quelles ressources cette expérience vous permettrait de développer.

→ Quels traits de caractère puis-je modifier afin de progresser, afin de changer les choses ?
→ Quelles leçons, quels enseignements puis-je en tirer ?

Vous avez un capital
chance extraordinaire

Utilisez-le,
jour après jour.

Remarquez les occasions
fortuites offertes par la
vie et tirez-en profit.

Nous pouvons nous habituer à porter un regard exclusivement constructif sur tout ce qui nous arrive, même les épreuves. En nous attachant à chercher ainsi le sens caché dans les faits, nous éveillons davantage notre conscience à plus de lucidité. Notre intelligence s'habitue à penser autrement et à envisager la réalité de manière plus globale. Les aptitudes de notre cerveau droit sont dopées. Nous commencerons à sortir de l'influence négative de notre histoire, et des répétitions qui nous manipulent et nous détournent de notre bonheur.

Nous pouvons nous habituer à porter un regard exclusivement constructif sur tout ce qui nous arrive.

Chapitre 6

Le hasard n'existe pas !

L'AFFIRMATION « il n'y a pas de hasard » suppose que rien n'arrive fortuitement dans notre vie. Même si nous n'en sommes pas conscients, tout a une raison d'être dans l'histoire de notre évolution personnelle. Chacune de nos expériences, qu'elle soit porteuse de joie ou de douleur, contient un sens tout particulier qui nous est destiné et qu'il nous appartient de découvrir. Considérer que le hasard n'existe pas nous conforte dans l'idée qu'il n'y a pas de « coup du sort » qui frapperait, ici ou là, au gré du hasard. Cela peut renforcer notre espoir, notre confiance en la vie, et notre lâcher prise sur les événements, pour laisser le flot de la vie s'écouler à travers nous. Convaincus que nous n'avons absolument rien à craindre, nous pouvons devenir attentifs aux coïncidences et aux synchronicités qui constellent notre quotidien, messages qui sont comme des signes pour nous indiquer si nous sommes sur la bonne voie ou non. Ces signes sont parfois ténus, souvent sans rapport avec une approche logique de la réalité, aussi il faut apprendre à les repérer pour réajuster nos paroles et, au besoin, nos actions.

Chacune de nos expériences, qu'elle soit porteuse de joie ou de douleur, contient un sens tout particulier qui nous est destiné et qu'il nous appartient de découvrir.

CHACUN EST ACTEUR DE SA VIE : CROIRE C'EST DEJÀ AGIR

Si notre pensée est exclusivement tournée vers une vision rationnelle de la vie, nous pensons que les événements nous tombent dessus comme ça, par manque de chance.

Dans cette perspective où tout est lié et où, par conséquent, il n'y a pas de hasard, nous sommes totalement acteurs de notre vie. Cette vision semble évidente et encourageante à certains, effrayante voire inacceptable à d'autres. Notre culture et notre éducation occidentale accordent en effet plus d'importance à la pensée rationnelle. Or, tout ce qui n'entre pas dans un raisonnement logique échappe à celle-ci, comme les coïncidences qui, nous l'avons vu, peuvent parfois rester inexplicables d'un tel point de vue. De ce fait, si notre pensée est exclusivement tournée vers une vision rationnelle de la vie, nous pensons que les événements nous tombent dessus comme ça, par manque de chance. Nous nous demandons « Pourquoi moi ? » Bien sûr, nous ne trouvons pas de réponse à notre question car notre dynamique psychique nous maintient dans notre idée d'impuissance face à l'existence. « D'heureux ou malheureux hasards surgissent, et on n'y peut rien. C'est la vie », finit-on par se résigner.

Or, ce à quoi nous croyons a toutes les chances de se manifester ; abandonner ainsi notre pouvoir au « hasard » ou à la « fatalité », c'est cristalliser et valider notre état de victime, c'est s'enfermer dans la spirale domination / soumission. Pour sortir de cette résignation et récupérer une certaine maîtrise de notre vie, nous pouvons devenir conscients de nos résistances à croire que nous n'avons aucune prise sur la vie. Cesser de se voir comme une victime du sort est un premier pas pour aller vers une vie porteuse de situations bien meilleures. Cette conscience de soi permet d'assumer la responsabilité de qui nous sommes, de reconnaître en nous toute notre beauté et notre immense potentiel. Elle amplifie aussi le contact avec nos désirs enfouis et nos besoins profonds : devenir conscient de ce qui se joue en soi est une véritable maturation où l'on découvre nos aspirations fondamentales, auxquelles on n'avait pas forcément accès. Nous commençons alors à pouvoir choisir parmi la palette immense des possibilités que nous offre la vie, ce qui nous rend notre dignité.

En se donnant ainsi les moyens de vivre en accord avec soi-même, on s'affranchit naturellement des conditionnements sociaux, des limites familiales. Cette vision non déterministe nous rend plus à l'écoute de notre environnement, elle nous permet de nous adapter facilement au changement. Nous pouvons en outre devenir témoin mais aussi acteur de ces fameuses coïncidences. Les concours de circonstances prennent alors un sens et une dimension toute particulière, ils deviennent ces indicateurs qui nous guident toujours plus profondément vers notre espace créateur, celui qui prend racine dans notre libre-arbitre.

Il n'y a pas de hasard.
Il y a le choix,
Il y a notre décision profonde !

REPÉRER LES SIGNES ET LES COINCIDENCES

Plus nous ouvrons notre esprit aux signes, aux messages et aux coïncidences que la vie nous offre pour nous faire prendre conscience de son extraordinaire organisation, plus cette lucidité nous fait devenir meilleur au quotidien, dans le sens de plus responsable, plus juste et plus vrai avec nous-mêmes, donc avec les autres. S'attacher à repérer les coïncidences permet d'accéder au langage très riche qui relie le monde extérieur à notre monde intérieur et d'expérimenter à quel point le premier est lié au second.

S'attacher à repérer les coïncidences permet d'accéder au langage très riche qui relie le monde extérieur à notre monde intérieur

Lorsque nous cherchons en nous les sources profondes de notre réalité, les éventuelles raisons de notre insatisfaction, nos freins au changement, nous trouvons des signes et des symboles qui reflètent ce qui n'est pas conscient. Le signe est un objet ou un acte qui nous renvoie à une réalité bien définie. Il porte en lui-même son sens. Il nous apporte des informations sur ce que l'on est en train de vivre, et nous permet de prendre conscience des vibrations que l'on émet.

Pour bien comprendre ce qu'est un signe ou un symbole, prenons l'analogie du panneau signalétique « Sens Interdit ». Nous reconnaissons tous ce symbole, nous savons ce qu'il signifie et comment nous comporter quand on le croise sur notre chemin. De la même manière, il existe certains signes faciles à décoder qui nous orientent dans les petits actes du quotidien. Mais il y a d'autres signes moins visibles auxquels nous ne savons pas donner un sens clair. C'est là, dans cette interprétation du message que la vie nous adresse, que notre intuition et les aptitudes de notre cerveau droit nous sont d'un précieux secours. Cela fait directement partie des attributions de cette intelligence dite « irrationnelle ».

CHERCHER LES MESSAGES DANS LES ÉVÉNEMENTS DU QUOTIDIEN.

Les signes sont un peu comme un langage universel à apprendre. Avec de l'entraînement, nous pouvons les interpréter de plus en plus facilement, pour les laisser éclairer nos choix. Les signes deviennent alors des guides dans nos décisions, aussi bien dans les périodes où notre vie est satisfaisante qu'en période bouleversée.

Les signes sont un peu comme un langage universel à apprendre. Avec de l'entraînement, nous pouvons les interpréter de plus en plus facilement.

Quand nous avons le sentiment de ne pas faire l'expérience des coïncidences, c'est que nous ne vivons pas au même niveau de vibration que celui où elle se produit ! Notre intelligence rationnelle et linéaire, trop dense, est imperméable aux vibrations subtiles de ce phénomène et ne peut pas l'appréhender. Au contraire, notre intelligence intuitive nous donne cette clairvoyance subtile qui nous permet de « voir » au-delà des apparences. Devenir attentif aux signes et aux coïncidences est donc un moyen de développer cette forme d'intelligence. Cela habitue notre esprit à être au contact de sa dimension intuitive, et en retour nous met au contact de signes toujours plus nombreux.

Chaque détail compte, pourvu que l'on porte sur sa vie un regard attentif.

Si nous sommes attentifs à ce qui se joue à l'intérieur de nous, nous sommes à même de percevoir les messages que l'intuition nous adresse, et pouvons interpréter les signes. Chaque détail compte, pourvu que l'on porte sur sa vie un regard attentif. Il s'agit d'être présent à ce qui se passe, en nous et en dehors de nous, sans jugement de valeur. Si nous l'observons avec attention, notre quotidien fourmille de messages, de signes, de synchronicités. Plus nous sommes curieux de tout, plus nous nous intéressons aux autres, les amis comme les inconnus, attirants ou antipathiques, croisés dans la rue, plus nous stimulons notre conscience. Les signes sont en permanence présents, mais notre regard ordinaire et cartésien les banalise ou les ignore. En retirant nos lunettes de l'habitude, nous devenons pleinement concernés par chaque événement de notre journée, aussi infime soit-il. C'est dans cette conscience que peut librement s'exprimer la magie de la vie, celle qui nous adresse les clins d'œil de l'existence.

LE POUVOIR DE L'INTUITION

Etymologiquement, intueor intuitus se rapporte à l'acte et à l'attention du regard. Guider, trouver le sens d'un problème, percevoir le véritable état d'une personne, inspirer le chercheur ou le créateur : tout cela relève du domaine de l'intuition. Grâce à son action anticipatrice et pénétrante, elle donne le sens d'une situation avant que tous les éléments de celle-ci ne soient connus, ou identifiés.

L'intuition va à l'essentiel, elle donne accès à la réalité profonde des choses, au-delà de toute apparence. Source de connaissance et de compréhension que nous utilisons souvent sans le savoir, l'intuition se manifeste par des images, des impressions, des messages verbaux. Elle peut concerner tous les domaines du savoir et présente toujours un caractère d'évidence et de vérité pour soi. A la différence de notre conscience ordinaire et de notre mental, l'intuition nous met en présence d'informations objectives, non filtrées par notre système émotionnel et notre interprétation des faits : elle est en lien avec notre vérité intérieure, c'est aussi ce qui lui donne sa force.

L'intuition va à l'essentiel, elle donne accès à la réalité profonde des choses, au-delà de toute apparence.

En nous reliant à notre intuition, en nous familiarisant avec son fonctionnement, nous pouvons l'écouter, lui faire confiance et suivre ses conseils afin de prendre des décisions pour une vie meilleure. Lorsque nous avons des choix à faire, nous ne comprenons pas une situation, nous cherchons parfois chez les autres les réponses et les solutions. Il peut bien sûr être utile de connaître la vision de notre entourage, mais il est important de se souvenir que leurs réponses sont colorées de leurs propres expériences de vie et, de ce fait, ne nous correspondent pas forcément.

Cultiver et développer son intuition permet d'accéder au discernement, de se réapproprier son propre savoir, car chaque personne contient en elle ses propres solutions. Nous avons tous le choix de prêter attention à ce que notre intuition révèle, et d'agir selon ses orien-

Croyez en votre fabuleuse faculté intuitive.

Pour valider les informations le plus possible agissez dans la réalité.

Vous possédez d'immenses potentialités pour vous créer une belle vie.

tations ou au contraire d'ignorer ces informations. Bien souvent, nous vérifions, après coup bien sûr, combien notre intuition était juste et pertinente et aurait pu épargner bien des tracas, des soucis et des pertes d'énergie.

Pourquoi compliquons-nous nos vies en nous détournant de cette aptitude innée ? Bien souvent par manque de confiance en nous, par peur de nous tromper, mais aussi parce que nous n'avons pas appris à utiliser tout le potentiel de cette « intelligence éclairée ». Nous pouvons avoir besoin de retrouver l'appréciation et l'estime de nous-mêmes pour nous sentir dignes d'accéder à notre guidance intérieure.

Or, certains pensent qu'ils n'ont pas d'intuition. Ceci est totalement erroné, en réalité nous sommes tous intuitifs. D'un point de vue physiologique, l'intuition, ou 6ème sens, est une fonction psychique de l'hémisphère droit du cerveau, reliée au principe féminin présent en chacun, homme ou femme. Des techniques précises permettent d'apprendre à canaliser l'intuition, pour en faire un atout majeur de connaissance nous aidant à conduire, à construire et à gérer nos vies dans le quotidien. Je les ai développées dans un ouvrage précédent, « Coachez votre intuition et provoquez le hasard ».[8]

Certains pensent qu'ils n'ont pas d'intuition. Ceci est totalement erroné, en réalité nous sommes tous intuitifs.

8. Pour des outils permettant de développer l'intuition, voir Vanessa Mielczareck, *Coachez votre intuition et provoquez le hasard*, Seuil, 2007

L'INTUITION POUR CANALISER LA RAISON

C'est notre polarité féminine qui nous met en lien direct avec l'intuition, la créativité, la réceptivité. S'il est courant de parler d'« intuition féminine », c'est parce que par nature la femme est réputée disposer plus facilement des qualités de réceptivité, de sensibilité, d'écoute et de vacuité, qui la rendent apte à contacter son intuition assez facilement. Mais elle ne lui est pas réservée, et les hommes sont de plus en plus nombreux à y accéder car ils acceptent davantage leur pôle féminin intérieur. Bien souvent, ils utilisent leur intuition sans le savoir et surtout sans le dire à leur entourage, comme s'ils estimaient qu'évoquer la place de l'intuition dans leurs choix ne faisait pas sérieux.

Notre identité prend racine dans l'association, parfois dans l'alchimie du féminin intérieur et du masculin intérieur, révélant ainsi la présence du couple intérieur que nous portons tous, signe de notre complétude. (Voir « Du « couple intérieur » au couple réel », p. 200)

L'intuition peut nous aider à établir une passerelle entre notre réalité quotidienne matérielle et notre savoir intérieur.

L'intuition peut nous aider à établir une passerelle entre notre réalité quotidienne matérielle et notre savoir intérieur. Or, à l'heure actuelle il est essentiel de rétablir l'équilibre entre notre côté logique et structuré et notre côté intuitif et créatif. Le monde est en pleine mutation et nous sommes de plus en plus nombreux à nous interroger, à vouloir autre chose sans nous contenter passivement de ce qui est. A lui seul, le rationnel ne suffit plus pour guider nos recherches ou résoudre les problèmes actuels. Révéler le sens profond des choses ne relève pas des capacités du rationnel. L'intuition en tant qu'intelligence éclairée peut prendre place dans notre vie car elle est une énergie de lucidité qui nous apporte presque instantanément des solutions si nous savons l'écouter : cela fait partie de ses aptitudes naturelles.

L'intuition peut être décrite comme un acte complet de la conscience, d'où jaillit la compréhension instantanée : être à son écoute c'est s'aligner à un champ magnétique où les synchronicités riches de sens foisonnent. Cela permet de générer plus de positivisme et de discernement, aussi bien dans nos paroles que dans le moindre de nos actes. Mais écouter son intuition, c'est aussi élargir notre vision du monde, des autres et de nous-même.

A un autre niveau de conscience, l'intuition peut être envisagée comme l'expression de notre nature véritable, l'émanation de ce qui nous anime au plus profond et qui nous permet de faire de notre vie une œuvre. L'intuition nous permet ainsi d'accéder à un sens plus authentique de notre existence, de recevoir des informations précieuses concernant nos aspirations profondes, notre mission de vie.

A un autre niveau de conscience, l'intuition peut être envisagée comme l'expression de notre nature véritable.

L'intuition utilise trois canaux de perception comme des ouvertures vers le monde et les autres. Nous pouvons même parler de prolongement énergétique vers l'extérieur. En fonction de notre vécu personnel, ces trois moyens de perception sont plus ou moins actifs.

La clairvoyance est la capacité d'accéder clairement à des images, des symboles ou des scènes, qui s'imposent à nous de manière visuelle, comme une sorte de flash qui éclaire notre esprit. La clairvoyance favorise le discernement et l'anticipation.

La clairaudience fait référence à la capacité de recevoir des messages verbaux et distincts : c'est la fameuse « petite voix » intérieure. Elle s'exprime beaucoup plus qu'on ne l'imagine mais notre bavardage mental nous empêche parfois de l'entendre. La clairaudience nous donne de précieux conseils pour faciliter notre quotidien de manière générale, et tout le travail sur les croyances que je vous propose plus loin sera extrêmement précieux pour la développer. (Voir « Choisir ses émotions », p. 209) (Voir « Prenez une nouvelle décision : même si », p. 229)

La clairsentience permet de recevoir des informations par le biais de sensations corporelles qui nous indiquent ce qui se passe autour de nous. Pour faire la distinction entre ce qui nous appartient et le reste, il est important d'être conscient de son propre ressenti. La clairsentience nous transforme en éponge qui absorbe l'ambiance environnante, au point de pouvoir parler de fusion et de symbiose avec l'environnement. Parfois nous ressentons, dans notre corps, l'état d'être d'une personne que nous côtoyons, l'ambiance d'une pièce dans laquelle nous entrons, l'énergie d'un lieu que nous visitons. A cet instant de notre sensation, nous saisissons la fréquence de la mémoire qui se dépose partout,

La clairsentience nous transforme en éponge qui absorbe l'ambiance environnante, au point de pouvoir parler de fusion et de symbiose avec l'environnement.

celle des lieux comme celle des humains. Pour bien gérer cette capacité qui peut être envahissante, nous devons savoir mettre des limites avec autrui. Les personnes clairsentientes, plutôt empathiques et généreuses, ont tendance à en faire beaucoup, parfois jusqu'à rendre service à leur propre détriment.

Les informations perçues par un des trois canaux de l'intuition peuvent être claires et immédiatement compréhensibles, mais parfois elles sont symboliques et nécessitent un décodage pour être comprises. Une technique spécifique nommée « lecture intuitive » permet de réaliser ce décodage, j'ai largement exposé cette méthode dans le livre mentionné plus haut.

Les informations perçues par un des trois canaux de l'intuition peuvent être claires et immédiatement compréhensibles.

Les exercices proposés plus loin vous aideront à vous libérer des peurs et des schémas inhibiteurs, pour permettre le développement puis la maîtrise de votre intuition.

SE METTRE A L'ÉCOUTE DE SON INTUITION

Voici quelques suggestions pour favoriser l'expression de l'intuition :

1) Contactez votre intuition

Formulez l'intention de voir se manifester l'intuition dans votre vie, car vous dirigez ainsi votre énergie vers votre « source intérieure », cette zone de sagesse intérieure située dans l'énergie du cœur. C'est également l'affirmation que vous reconnaissez votre intelligence intuitive.

2) Eveillez sa conscience

Posez-vous des questions lorsque se présentent à vous des problèmes ou des situations en apparence incompréhensibles. Les questions clés sont :
Que se passe-t-il ?
Quel enseignement ai-je à tirer de cette expérience ?
Qu'ai-je à développer comme qualité ou ressource personnelle ?
Quel bénéfice positif est caché dans cette expérience ? (qu'est-ce que j'en tire de bon, malgré tout ?!)

Cette approche vous aidera à partir à la quête du sens de ce qui se présente à vous dans le quotidien. Des clés et des solutions s'offriront alors. Vous entrez là dans une conscience active, elle vous aidera à dénouer les choses en mobilisant votre principe créateur et toutes les aptitudes de votre cerveau droit.

3) Cultivez ce qui favorise la réceptivité

L'observation, l'écoute,
La stimulation des 5 sens
Le calme mental, la méditation
Le non-jugement
La respiration consciente
La créativité…

LA FORCE DE L'INTUITION DIRECTE.

L'intuition directe opère au-delà des trois canaux de perception précédemment décrits. Elle fonctionne de manière tout à fait unique : nous savons soudain que quelque chose est vrai, sans pour autant savoir comment nous le savons. Cette perception nous fait vivre un moment d'unité extrêmement intense.

Pour accéder à cette capacité, nous devons développer encore plus profondément la conscience et la confiance en nous, afin de véritablement lâcher prise sur le doute. L'intuition directe nous met au défi de faire confiance à notre vérité, mais ne nous donne pas les moyens de nous appuyer sur d'autres éléments. Nous devons accepter d'agir selon les conseils reçus, en ayant pleinement confiance qu'il est approprié de le faire ainsi. En validant notre intuition dans la réalité, nous l'intensifions automatiquement, ce qui nous fait accéder à une fréquence particulièrement attractive. Parvenir à fonctionner à ce niveau d'intuition peut faire de notre vie un déroulement miraculeux d'expériences créatives continuelles. Quand nous vivons dans ce savoir, nous réalisons que, dans notre nature même, nous sommes des êtres éclairés. A ce niveau de conscience, le concept de séparation disparaît.

L'intuition directe nous met au défi de faire confiance à notre vérité, mais ne nous donne pas les moyens de nous appuyer sur d'autres éléments.

Nous comprenons et acceptons intuitivement la vérité au moment même où nous la recevons. Ce processus nous permet de prendre conscience que nous créons nos concepts de la réalité ; les limites que nous rencontrons dans la vie sont souvent l'expression de celles que l'on s'impose soi-même. Se rendre compte de la formidable responsabilité dont on dispose à chaque instant permet de changer ses limites plus aisément. Nous sommes tous capables, avec de l'entraînement et de la persévérance, de fonctionner à ce niveau de conscience.

Pour accentuer votre regard conscient, apprenez à rendre significatif des faits, des rencontres, des conversations, des appels téléphoniques... Puisque ce qui se passe dans notre environnement est un reflet de qui nous sommes, en développant notre conscience et notre lucidité nous accentuons notre processus de changement. A l'intérieur, mais aussi autour de nous. Un feedback de là où nous en sommes nous est d'abord donné par notre lucidité sur nous-mêmes, puis dans un second temps par les changements concrets de notre vie.

L'intuition et les enseignements d'une journée

Pour vous aider à repérer ce feed back et mieux comprendre où vous en êtes, décidez, pendant une journée de votre semaine, d'être très attentif à tous les événements. Puis, à la fin de la journée, inscrivez sur votre carnet de notes personnelles les leçons ou les compréhensions que vous tirez de cette journée. Vous pourrez ainsi mieux discerner l'implication qui existe entre vous et tout ce qui vous entoure. Répondez aux questions suivantes

→ Que vous ont apporté vos conversations téléphoniques ?
→ Qu'ont révélé certains faits apparemment anodins ?
→ Que vous ont appris ou révélé vos rencontres aujourd'hui ?

Après avoir pratiqué les exercices proposés ici, de nombreuses personnes remarquent que l'intuition se fait plus présente dans leur vie. Peut-être vous-même constatez-vous déjà qu'il vous vient des pensées, des sentiments ou des images qui sont en rapport direct avec ce que vous vivez. Et que ces messages sont des aides précieuses pour vivre et faciliter votre quotidien.

Voici maintenant une visualisation pour entrer dans le mode intuitif. Vous pouvez l'apprendre, ou l'enregistrer afin d'en faire l'expérience le plus souvent possible. La visualisation est une suggestion d'idées positives qui déclenche des émotions bénéfiques. Dans cette pratique, nous utilisons notre imagination et tous nos sens. Cela nous permet de stimuler nos capacités, de déployer nos potentialités, et de nous ouvrir aux dimensions subtiles de l'existence. Cet exercice, qui fonctionne très bien, peut s'appliquer à de nombreux domaines.

Développez votre intuition

Installez-vous confortablement en position assise ou allongée. Fermez les yeux, prenez quelques respirations amples et amenez votre attention depuis votre ventre jusqu'au sommet de votre tête. Respirez calmement.

Visualisez, ressentez en vous la présence d'un beau paysage naturel : il s'agit de votre terre intérieure symbolique. Imprégnez-vous en à l'aide de vos 5 sens. Marchez, avancez jusqu'à vous enfoncer profondément dans cette nature. Comptez mentalement jusqu'à 15.

Laissez-vous guider jusqu'à un endroit lumineux, magnifique. Ce lieu est baigné de toutes les qualités et de toutes les ressources qui existent en vous, telles que confiance, sérénité, amour... Imaginez-vous dans cet endroit, éloigné de toute préoccupation. Sentez-vous merveilleusement bien ! Demandez maintenant à contacter vos talents intuitifs, c'est-à-dire l'expression de votre sagesse.

Respirez cette ambiance dans tout votre corps.

Réalisez un mouvement d'ancrage, par exemple en joignant votre pouce et votre index. Permettez-vous d'utiliser pleinement votre intuition. Reconnaissez toute votre valeur et appréciez-la pleinement.

Maintenant, posez-vous les questions qui viennent à votre esprit... Attendez les réponses, qui peuvent arriver dès cet instant. Soyez attentifs aux impressions, aux mots, aux images qui peuvent émerger... Si rien ne se précise déjà, sachez que tout au long de la journée vous aurez des réponses qui se manifesteront de différentes manières. Soyez attentif car tout peut faire sens : une chanson à la radio, un coup de téléphone, un panneau publicitaire... Vous saurez intensément que c'est votre réponse !

Comptez maintenant à rebours : 15, 14, 13... jusqu'à 1, pour revenir tranquillement à votre état ordinaire. Laissez à nouveau circuler votre respiration. Bougez, étirez-vous puis ouvrez les yeux. Sentez-vous ressourcé, relié à vous-même.

Jour après jour, habituez-vous à écrire le fruit de vos expériences intuitives. Cela permettra de les intensifier.

Chapitre 7

Dépasser l'effet miroir et la projection

Nous allons à présent envisager la relation humaine d'une manière tout à fait singulière, en envisageant l'autre comme notre propre miroir. Voyons quelles sont les répercussions sur notre vie quand nous voyons en l'autre notre reflet.

Ce que nous reprochons ou n'aimons pas chez telle personne n'est que le négatif, autrement dit l'ombre présente à l'intérieur de nous. L'autre met en évidence l'une de nos parts occultes, mais il s'agit généralement d'un aspect que, pour des raisons de censure personnelle, on a du mal à s'attribuer : si on le reconnaissait, cela viendrait altérer l'image idéale que nous avons de nous-mêmes. Dans ce mécanisme, nous projetons sur l'autre ce qui en fait nous appartient.

Ce que nous reprochons ou n'aimons pas chez telle personne n'est que le négatif, autrement dit l'ombre présente à l'intérieur de nous.

L'effet miroir est très courant dans les relations, aussi il est important de prendre conscience de cette projection car cela renouvelle notre regard sur nous-mêmes et sur notre relation à l'autre. Les relations de pouvoir, si répandues dans les jeux « dominant-dominé », ont alors une chance de pouvoir être désamorcées. Grâce à cette compréhension, nous cessons de projeter sur notre entourage tout ce que nous n'aimons pas chez nous, ce qui évite d'entrer dans les conflits blessants. Nos relations s'en trouvent nettement améliorées, parce qu'en s'acceptant tel qu'on est, avec nos zones d'ombre, on se prépare aussi à accepter l'autre tel qu'il est.

Un minimum de considération et d'amour de soi est nécessaire pour être en mesure d'accepter ce que nous renvoie autrui.

Ce nouveau regard sur soi n'est pas forcément évident de prime abord. Un minimum de considération et d'amour de soi sont nécessaires pour être en mesure d'accepter ce que nous renvoie autrui. Cela implique de renoncer à la critique, au jugement, au rejet de l'autre, tout simplement parce que, dans cette conscience profonde, ils n'ont plus de sens. Dans un premier temps, cela peut nous sembler déstabilisant car il est nécessaire de nous habituer à penser autrement, pour que nos comportements puissent changer favorablement.

COMMENT L'AUTRE NOUS RÉVÉLÉ NOTRE OMBRE

La plupart d'entre nous cherchons à vivre l'harmonie, le bonheur, pourtant la vie nous entraîne parfois dans un tourbillon déplaisant. Sans le vouloir, nous émettons les fréquences de ce que nous n'aimons pas en nous, et l'autre nous renvoie ce même aspect de notre part d'ombre. Ce faisant, il nous donne la possibilité de rencontrer cette partie de nous que nous méconnaissons ou que nous occultons volontairement. La relation ainsi envisagée permet de mettre en mouvement chez nous ce que l'on perçoit de l'autre, et cela concerne aussi bien le positif que le négatif : c'est à travers l'autre que nous pouvons nous rencontrer.

Nous portons en nous l'ombre comme la lumière. C'est l'acceptation de ce paradoxe qui nous permet de transformer le négatif en positif. Ce cheminement révèle au passage certaines blessures personnelles, qui pourront être accueillies puis dépassées, pour enfin être mises à leur place, dans le passé. Notre véritable travail consiste à trouver la force d'appliquer cette conception de non jugement dans notre quotidien, afin de nous enrichir et de profiter de toute expérience relationnelle pour nous faire grandir en conscience. Ainsi, même les relations avec ceux que nous qualifions d' « ennemis » ont un aspect constructif.

Nous portons en nous l'ombre comme la lumière. C'est l'acceptation de ce paradoxe qui nous permet de transformer le négatif en positif.

Si l'autre est notre miroir, qu'y voyons-nous ? Passez en revue les personnes importantes de votre vie, et pour chacune d'elle posez-vous ces questions:

→ Qu'est ce que j'aime en elle ?
→ Qu'est ce que je n'aime pas ?
→ Que me révèle-t-elle sur moi-même ?
→ Que dois-je accepter chez elle pour avoir une connaissance plus objective à mon sujet ?

Le fait de réfléchir à ces questions vous plonge dans la conscience de la complexité de votre vie intérieure : à tout moment, vous pouvez choisir de créer un nouveau style de relations avec votre entourage.

QUITTER LE ROLE DE VICTIME

Nous l'avons vu, être dans une position de victime c'est avant tout être manipulé par une force de destruction issue d'une partie de nous-mêmes, qui œuvre à notre insu et entretient la souffrance.

Nous l'avons vu, être dans une position de victime c'est avant tout être manipulé par une force de destruction issue d'une partie de nous-mêmes, qui œuvre à notre insu et entretient la souffrance. Cette force est un véritable tyran intérieur, qui petit à petit nous éloigne de notre être véritable, en déposant au fond de nous le germe du conflit dominant/dominé. Ce couple des opposés se perpétue intérieurement, et comme nous projetons sur autrui ce qui réside en nous, nous avons toutes les chances de le croiser dans notre réalité extérieure aussi.

Nous avons tous notre tyran intérieur, né à l'époque où, enfant, nous cherchions à nous affirmer, à exister, à dominer, à conquérir, autant d'élans nécessaires pour rencontrer notre pouvoir personnel. Puis l'éducation familiale et sociale nous a inculqué des règles, des interdits et des limites, afin de contrecarrer ce désir de toute puissance de l'enfant que nous étions. C'est ici que nous avons pu nous sentir blessé, humilié, mal aimé, coupable, une empreinte que l'adulte porte encore parfois. Dans le même temps, pour être à même de respecter règles et interdits du monde des adultes, nous avons intériorisé un censeur, qui a pu devenir encore plus tyrannique que ne l'était la famille ou la société ! Alors qu'il avait pour rôle initial de nous protéger, notre censeur intérieur a pu ainsi prendre le pouvoir sur nous, étouffer notre esprit d'initiative et de créativité, voire nous conduire à refouler certains aspects constructifs de notre personnalité qu'il nous fait juger inacceptables...

Ce mécanisme d'un censeur qui prend le pouvoir est fréquent. Il peut être lié à l'idée que nous devons absolument répondre à toutes les demandes de l'autre, être un enfant sage, un élève modèle puis, une fois adulte, un professionnel irréprochable, un partenaire idéal et un parent parfait. Pour coller à ce personnage sans faille, le seul qui puisse être aimé, croyons-nous, nous avons déployé d'incroyables efforts pour cacher des pans entiers de notre personnalité. Nous avons même pu finir par les refouler, pour ne pas perdre l'amour de nos proches. Au point qu'aujourd'hui, nous sommes sans cesse sur le qui-vive pour ne pas être mis à nu, parfois au point de mentir pour ne pas être découvert dans nos failles et nos faiblesses. Résultat, nous en faisons toujours beaucoup et ne relâchons jamais la pression : il nous faut être parfait et surtout ne pas être pris en défaut. Hyper exigeants avec nous-mêmes, nous demandons aussi beaucoup aux autres, ce qui nous rend parfois intolérants. Il se peut que ce mécanisme engendre aussi un fort sentiment de culpabilité de ne pas être à la hauteur, de ne pas suffisamment répondre aux attentes, etc. Très susceptibles, nous prenons souvent la moindre remarque pour une accusation. Nous souffrons de cet état, mais notre besoin d'être reconnus à la mesure de l'image idéale que nous avons de nous domine tout.

Pour coller à ce personnage sans faille, le seul qui puisse être aimé, croyons-nous, nous avons déployé d'incroyables efforts pour cacher des pans entiers de notre personnalité.

Seul la reconnaissance de ce mode de fonctionnement, derrière lequel se cache parfois un sentiment de supériorité, peut nous en libérer. Prenez du temps pour réfléchir sur ce qui, dans votre vie, vous pousse à agir d'une manière ou d'une autre. Demandez-vous ce qui motive profondément vos choix. Ressentez les forces, les impressions et les sentiments à l'œuvre en vous, cela vous rendra conscient des mécanismes de manipulation dont vous êtes l'objet.

Observez la manipulation de votre ombre pendant une semaine

Choisissez une semaine pendant laquelle vous ferez l'effort de vous observer chaque jour. Le soir, prenez quelques notes sur vos comportements de la journée. Pour conduire cette introspection, listez les éléments suivants chaque soir.

→ Les moments où vous vous êtes senti mal à l'aise, et les circonstances,
→ La nature de vos contacts avec votre entourage, proche et moins proche,
→ Les remarques, ou critiques, et l'état dans lequel elles vous ont plongé,
→ Ce qui vous a heurté,
→ Ce que vous gardez intérieurement, sans l'exprimer,
→ Ce que vous avez cherché à éviter : conversations, décisions, actions,
→ Ce que vous vous êtes dit à vous-même,
→ Les situations dans lesquelles vous avez cherché à avoir raison,
→ Parmi ce que vous avez cherché à faire aujourd'hui, ce que vous avez réussi, ce que vous avez raté...

Efforcez-vous de faire ce travail chaque jour puis, en fin de semaine, faites le point. Vous découvrirez probablement certains éléments de votre ombre et saurez mieux de quelle manière vous êtes manipulé. A partir de là, décidez de faire autrement, en commençant par de petites actions. Changez vos habitudes, vos comportements. Osez vous risquer en dehors de votre zone de confort, c'est-à-dire du connu. Si vous n'avez aucune idée sur la manière de procéder, il peut être utile de consulter « Des actions pour changer votre vie »[9] Il faut en effet mettre ses résolutions en actes pour permettre au véritable changement d'advenir. Le changement ne peut pas être uniquement mental, il doit aussi mettre en jeu l'émotionnel, et la volonté. C'est ainsi que nous pouvons percer la réalité.

La conscience de soi éclaire nos facettes difficilement observables en temps ordinaire. Cette introspection nous conduit à mieux maîtriser ces aspects méconnus, puis à nous libérer de l'emprise de cette auto manipulation. Il convient de dépasser ce que nous croyions savoir sur nous, pour plonger au cœur de nos dualités. Voilà comment traverser nos souffrances anciennes, et gagner notre liberté.

Il convient de dépasser ce que nous croyions savoir sur nous, pour plonger au cœur de nos dualités.

VICTIME OU DOMINANT : UN MÊME PIÈGE À ÉVITER

L'être humain a tendance à se retrouver piégé dans l'une de ces deux postures. Ne jugeons pas ce jeu de pouvoir, qui est le plus répandu dans les relations, mais tentons d'en comprendre le mécanisme. Autrefois, dans notre société, ce rapport s'appelait « maître – esclave ». Au fil des époques, ce processus s'est intériorisé dans

9. Cet ouvrage propose 124 actions pour concrétiser le changement : *Des actions pour changer votre vie*, Vanessa Mielczareck & Gilles Guyon, Quintessence, 2005

nos psychologies au point qu'une majorité des relations est basée sur un tel rapport de forces, générateur de souffrance. L'environnement familial et social favorise ce jeu, qui permet d'échapper à toutes sortes de peurs inconscientes : peur de la solitude, d'être abandonné, de ne pas être aimé…

Nous avons pu adopter une position de victime dans un environnement écrasant, rigide ou colérique.

Nous avons pu adopter une position de victime dans un environnement écrasant, rigide ou colérique. La position du dominant peut être liée à une rébellion jamais aboutie, à une enfance trop couvée ou au contraire dépourvue d'amour et de réel respect. Mais que l'on soit victime ou dominant, nous sommes prisonniers d'une forme de dépendance, car l'un des rôles n'existe pas sans l'autre. Aussi, le jour où l'on cesse d'être une victime, que ce soit sur le plan affectif ou social, nous n'avons plus besoin du dominant. Nous sortons donc immédiatement de la spirale de manipulation car le jeu n'a plus de sens : même si nous croisons à nouveau un dominant sur notre route, comme celui-ci n'a prise que sur une victime, le jeu ne peut pas se mettre en place. Notre perception de la réalité a changé, notre environnement change donc à son tour.

TRANSFORMER LE COUPLE DES OPPOSÉS

S'il est vécu au sein d'un couple, la prise de conscience d'un tel jeu par l'un des partenaires déclenche une crise. Il en ressort fréquemment qu'il ne reste plus d'amour pour l'autre : l'amour a été épuisé par ce jeu qui, au fil du temps et sans qu'on y prenne garde, s'est immiscé à la première place dans la substance du lien. L'ex-victime, ou l'ex-dominant, quand il se rend compte que l'autre ne change pas, pense alors séparation. Certains jeux comportent différents degrés de manipulation, plus ou moins violents moralement et physiquement : soumis – dominateur, assisté – sauveteur, esclave – maître, victime – persécuteur ou tyran[10].

Ces pôles opposés sont deux états d'esprit ô combien attractifs. Comme nous l'avons vu, le côté victime manipule autant que l'autre versant. Par ses plaintes, ses incapacités et sa vulnérabilité, il sait culpabiliser l'autre et attirer son attention. Mais cette manipulation est difficile à reconnaître car le rôle de victime va aussi avec l'image du « gentil ». Alors que celle du dominateur est liée au « méchant ». Or, pour être capable de sortir d'un tel jeu, il faut se rappeler que ce schéma se joue à deux, et que chacun y a sa part de responsabilité...

La manipulation des victimes est difficile de reconnaître car le rôle de victime va aussi avec l'image du « gentil ». Alors que celle du dominateur est liée au « méchant ».

Sortir du jeu, c'est quitter son rôle, ce qui change l'énergie que l'on dégage. Cela permet de sortir du jeu de pouvoir où l'on attire son opposé. S'il veut changer, le dominant doit lâcher son désir de contrôle. Souvent, il n'a pas une grande estime de lui, bien qu'il règne avec autorité sur son environnement, où certains lui donnent volontairement leur pouvoir en se plaçant d'emblée au-dessous de lui. La victime, quant à elle, renforce son

10. À consulter « *Je peux changer* » de Paule Salomon, Dervy 2000, p. 63 et 64 et 98 à 101.

sentiment d'impuissance et d'irresponsabilité en mettant en échec tous ceux qui voudraient l'aider. Son leitmotiv : les « Oui, mais », « ça ne marchera pas », « C'est à cause de »... Même les personnes de bonne volonté finissent par laisser tomber, ce qui conforte la victime dans ses croyances.

Nous pouvons choisir de dire « stop » à la souffrance pour sortir peu à peu de la dépendance. Pour cela, il faut avoir conscience de la place que l'on tient dans la relation, mais aussi découvrir ce que l'on y gagne : si on s'attache à une position c'est qu'on y trouve un intérêt, souvent inconscient. Cette prise de conscience ne doit pas entraîner de culpabilité, car si on a adopté cette attitude à un moment donné c'est qu'on ne savait pas faire autrement. Mais aujourd'hui, comprenons qu'il est sain d'agir si nous nous sentons coincés dans la souffrance. Nous avons vu plus haut qu'un germe de positif existait dans tout ce que l'on vit, mais cela ne veut pas dire que l'on doive se résigner à la souffrance. Il y a des moments où le positif se rencontre en effet dans le courage de bouleverser les choses. Cette prise de conscience peut monter du plus profond de nous, comme un appel de notre partie lumineuse qui sait que l'on peut changer. (Voir « Prenez conscience de vos croyances : protocole de clarification mentale », p. 163)

Lâcher ce scénario relationnel victime – bourreau c'est savoir grandir en conscience dans une relation où l'on attire son inverse.

Lâcher ce scénario relationnel victime – bourreau c'est savoir grandir en conscience dans une relation où l'on attire son inverse. Cette maturité nous fait alors rencontrer l'autre dans toutes ses facettes de complémentarité. Les couples de contraire ne finissent pas forcément en relation de souffrance, où l'énergie est bloquée, si les deux partenaires font l'effort de sortir de la dynamique de projection.

Pour nous renforcer pendant cette période où on lâche son scénario, nous pouvons développer l'affirmation de soi, le courage, la force, la juste autorité et la capacité de réussir. Il s'agit de l'appropriation du bon père intérieur qui n'avait pu aboutir autrefois.

Cesser de se sentir victime ou dominant, c'est cela la liberté !

Cesser de se sentir victime ou dominant, c'est cela la liberté !

MESUREZ VOTRE ESPRIT VICTIME

Ce tableau vous permettra de mesurer où vous en êtes dans la dimension dominant / dominé de votre rapport aux autres. Prenez le temps de réfléchir à chaque énoncé et, surtout, soyez honnête : cet exercice est entre vous et... vous ! Pour chaque situation, mettez une croix dans l'une des cases puis additionnez le nombre de croix de chaque colonne.

	Non	Un peu	Oui
Lorsqu'il m'arrive quelque chose je pense que c'est à cause de l'autre			
Je ne sais pas dire non			
Je suis familier de la plainte, des regrets			
J'ai tendance à me sentir coupable			
Quand je suis malade, mon entourage est attentif à moi			
J'en veux souvent aux autres			
J'envie certaines personnes, ma jalousie est plus forte que moi			
J'en fais beaucoup pour les autres, je tiens à faire plaisir			
J'ai des difficultés à mettre des limites aux autres			
J'ai peur qu'on me délaisse ou qu'on ne m'aime pas			
C'est toujours l'autre qui finit par avoir le dessus, par avoir raison			
J'ai souvent tendance à me sentir lésé, spolié			
Je pense que la vie est injuste			
On dit que je suis gentil, serviable, que j'ai le cœur sur la main			
J'ai tendance à me faire avoir			
Je n'ai pas le sentiment d'être reconnu à ma juste valeur			
Je suis souvent fatigué, déprimé, mélancolique			
On ne m'écoute pas vraiment			
Je ne sais pas m'affirmer face aux autres et à leur désir			
Je ne supporte pas les remarques ni les critiques, ça me fait mal			
J'ai l'impression d'être insignifiant			
Quand j'ai peur de quelque chose, ça a tendance à arriver			
J'ai le sentiment de ne pas pouvoir changer grand-chose à ma vie			
J'attire des gens qui me dominent			
Je me sens souvent agressé, jugé			
Total			

Si vous avez un maximum de « oui », votre côté victime domine.

Vous êtes plutôt dans un rôle de victime, vous avez donc la possibilité de retourner la situation en vous focalisant sur vos ressources, afin de les amplifier. Cela vous permettra de ne plus alimenter votre principe négatif et facilitera le changement. Efforcez-vous donc de vous rehausser vers ce qu'il y a de meilleur en vous, puis de le faire résonner : le changement extérieur commence par un changement d'état d'esprit. Celui-ci vous permet de renouveler la perception que vous avez de vous-même, puis de porter un autre regard sur la réalité, pour enfin changer de manière de vivre et de vous relier aux autres. Dire oui au changement, c'est lâcher le rôle de victime qui vous fait souffrir. La clef réside dans la capacité de se recentrer pour revenir au moment présent qui est en devenir. C'est là où réside notre pouvoir fondamental.

Si vous avez un maximum de « un peu », la gestion est fragile entre le côté créateur et victime

Vous savez ne pas vous faire manipuler, ou vous repérez quand vous l'êtes. Vous êtes prêt à légitimer qui vous êtes vraiment, et ce que vous attendez de la vie. Vous avez une conscience de l'inacceptable et ne le validez pas. Votre état d'esprit est déjà positif, mais votre puissance intérieure est encore invalidée. Vous êtes sur le chemin. Ce qui est important à ce stade est de renforcer votre fidélité envers ce que vous avez en vous, envers ce que vous aimez de vous, envers ce que vous désirez dans votre vie. Pour parvenir au stade où vous ressentez une cohérence entre vous et votre environnement.

Votre état d'esprit est déjà positif, mais votre puissance intérieure est encore invalidée.

Si vous avez un maximum de « non », votre côté créateur domine.

Vous avez tendance à vivre le changement sans trop de heurts, et dans votre vie personnelle il est probable que vous parveniez à mettre en place vos projets.

Quelque chose s'est déjà inscrit en vous du côté de votre pouvoir de création. Vous avez tendance à vivre le changement sans trop de heurts, et dans votre vie personnelle il est probable que vous parveniez à mettre en place vos projets. Vous éprouvez probablement un alignement entre vos pensées, vos paroles et vos actes, et vous vous sentez en phase avec votre réalité extérieure. Bien ancré dans votre vie, vous pouvez à présent vous tourner vers l'universel. Demandez-vous ce que vous pouvez apporter au monde et aux autres. Utilisez le meilleur de vous-même pour contribuer au changement autour de vous. Toutefois, veillez à le faire sans attentes, car les actions les plus justes et les plus efficaces sont celles que l'on entreprend pour elles-mêmes. Sans attente d'un résultat précis, ni un espoir de reconnaissance.

Chapitre 8

Le fabuleux pouvoir de notre pensée

Vous allez à présent découvrir comment attirer le meilleur, en apprivoisant le pouvoir de votre mental.

Le désir de changement intérieur fait surgir la nouveauté et l'inconnu. Sortir de nos habitudes nous met face à nos limites, donc à notre scénario de souffrance. Mettre en place de nouveaux projets dans sa vie, s'ouvrir à ses capacités intuitives nécessitent la dépollution du système mental : à ce stade de votre lecture, vous comprenez en effet à quel point les pensées négatives agissent comme des aimants sur notre vie et filtrent toutes les informations qui nous parviennent.

Sortir de nos habitudes nous met face à nos limites, donc à notre scénario de souffrance.

PENSER C'EST DEJÀ CRÉER !

« Mes pensées créent ma réalité, je suis créateur de ma vie » : assimilée dans son sens global, cette conception du pouvoir de la pensée favorise la responsabilité tant individuelle que collective. Elle ouvre à la conscience de la liberté face aux événements de la vie. Cette idée nous démontre combien il est important d'être attentif à la nature des pensées qui défilent dans notre tête tout au long de la journée. C'est là un entraînement tout à fait intéressant qui accroît considérablement la conscience et la lucidité au sujet de soi-même. Cela nous rend plus aptes à comprendre la manière dont nous fonctionnons, et à prendre conscience des facteurs qui déclenchent des situations dans notre réalité. L'attention consciente à votre « bavardage mental » nous rend à même de pouvoir choisir délibérément ce que l'on peut vivre : plus conscient des vibrations que nous émettons en permanence, nous expérimentons la maîtrise de nous-mêmes, et nous devenons capables d'attirer ce que l'on veut vraiment de la vie car on a appris à le faire résonner en nous. Pour cela, revenez au scénario de souffrance de la 1° partie, et repérez quel est votre leitmotiv personnel, cette petite phrase qui tourne en boucle.

Les recherches en neuroscience et en psychologie ont permis de démontrer que l'optimisme et la pensée positive avaient une influence réelle sur notre bien-être, physique comme psychique.

Les recherches en neuroscience et en psychologie ont permis de démontrer que l'optimisme et la pensée positive avaient une influence réelle sur notre bien-être, physique comme psychique. Le positivisme prend naissance au XVIIIe siècle avec le philosophe Auguste Comte, reconnu comme l'un des fondateurs de la sociologie. Mais c'est le pharmacien Emile Coué qui, au XIX° siècle, inventa une méthode de pensée positive basée sur une idée toute simple : « tous les jours, à tous points de vue, je vais de mieux en mieux ». Ce concept apparemment simpliste est en fait profondément puissant, car il ancre en nous l'idée d'un changement possible, sans pour autant se bercer d'illusions : il ne s'agit pas de dire « tout va bien » si on se sent très mal, mais « je vais aller mieux », ce qui induit une idée d'un changement positif. D'autre part, le « mieux » part de notre état d'aujourd'hui, et prend en compte notre réalité du moment, que l'on a toujours le choix d'améliorer. Cette approche est aujourd'hui largement reprise par des courants de psychologie et de développement personnel. Les pionniers du courant de la psychologie positive sont les psychologues américains Mihaly Csikszentmihahalyi et Martin Séligman dont les travaux ont été poursuivis en France par les psychiatres Jean Cottraux, Christophe André, Francois Lelord, ou encore par le chirurgien et psychothérapeute Thierry Janssen, dont les écrits rencontrent un vif succès.

Attention, il convient d'envisager cette phrase « Mes pensées créent ma réalité, je suis créateur de ma vie » avec précaution, d'autant qu'elle est de plus en plus couramment employée, parfois à mauvais escient. En effet, il ne s'agit pas de tomber dans l'indifférence, en se disant à propos des autres « leur pensée est créatrice, ils ont donc créé ce qui leur arrive, ils sont responsables de leur malheur ». Il ne s'agit pas non plus de sombrer dans la culpabilité face à l'adversité, en pensant « Comme mes pensées créent ma réalité ce qui m'arrive est de ma faute, c'est moi le coupable »...

Il ne s'agit pas de sombrer dans la culpabilité face à l'adversité, en pensant « Comme mes pensées créent ma réalité ce qui m'arrive est de ma faute, c'est moi le coupable »...

Une telle interprétation erronée et caricaturale du concept de la pensée créatrice n'engendre que de la souffrance. Il convient donc de le comprendre dans toutes ses nuances. A plusieurs reprises j'apporterai donc des clarifications, pour que chacun puisse comprendre et faire le meilleur usage de ce pouvoir fabuleux.

LES PENSÉES : LEUR SOURCE, LEUR NATURE, LEUR IMPACT

Mes pensées émettent des fréquences, positives ou négatives selon leur formulation. Mes pensées circulent d'abord dans mon corps, dans mon monde émotionnel, puis se manifestent ensuite au travers d'expériences. Mon corps ainsi chargé de la vibration émise par mes pensées, je rencontre dans ma vie ce qui est en résonance avec cette énergie intérieure. L'état d'esprit que je laisse s'installer en moi influe donc sur mon ressenti, sur ma manière de percevoir les choses et, in fine, sur ma réalité.

Mes pensées sont entretenues par mes expériences passées : favorables ou difficiles, elles sont chargées magnétiquement et déterminent la vibration que j'émets à mon insu.

Mes pensées sont entretenues par mes expériences passées : favorables ou difficiles, elles sont chargées magnétiquement et déterminent la vibration que j'émets à mon insu. C'est cette vibration qui attire à moi des expériences du même niveau : en vertu de la loi de l'attraction, j'attire ce qui est déjà présent en moi. Ma réalité extérieure révèle différentes facettes de mon identité, elle est le miroir de mon propre système mental organisé.

Mes pensées sont primordiales : elles déterminent mon état d'être et le monde avec lequel je suis en contact. Si je me dis par exemple « Je ne suis pas capable d'y arriver, ce n'est pas pour moi, je ressens de la peur », ou « C'est trop beau, ça ne va pas marcher » et que je me laisse habiter par les doutes et les freins, je me mets involontairement dans la disposition d'obtenir concrètement ce résultat négatif dans ma vie : j'attire des personnes et favorise des situations qui correspondent à ma polarité négative. Si au contraire pour mettre en place un projet je me concentre sur mes atouts, si je pense, à l'idée de mettre en œuvre un projet « Cela est vraiment fait pour moi ! » et que je ressens joie et dynamisme à l'idée de le mettre en œuvre, je mets toutes les chances de mon côté pour réussir.

Les pensées, selon leur nature, peuvent donc modifier et affecter notre vie extérieure. C'est ainsi que les lois de la physique nucléaire, quantique et la loi spirituelle de cause à effet se vérifient dans notre quotidien.

Tant que l'on reste attaché à nos croyances, à un état d'esprit négatif, à notre boule de souffrance nous continuerons de créer des expériences difficiles à vivre. (Voir « La boule de souffrance et ses effets », p. 23)

Nous devons mettre en place un nouveau fonctionnement mental, en commençant par le remettre en question. Ce processus nous aidera à cesser de nous identifier à ces pensées restrictives, qui en définitive nous font tourner en rond. Pour en sortir, plusieurs étapes seront nécessaires pour nous libérer de la manifestation de ce que l'on ne veut plus vivre.

Ce processus nous aidera à cesser de nous identifier à ces pensées restrictives, qui en définitive nous font tourner en rond.

PENSER POSITIF, C'EST D'ABORD RESSENTIR LE POSITIF

« La pensée magique » consiste à croire qu'un beau jour tout s'arrangera tout seul, sans que nous ayons à transformer quoi que ce soit. Pour simpliste qu'elle paraisse, cette idée s'est répandue dans les années 80 dans la mouvance d'une technique d'affirmation positive, selon laquelle il suffirait d'écrire puis de répéter les affirmations pour qu'elles se concrétisent. Comme beaucoup d'autres, j'ai expérimenté ce processus pour constater que cela ne suffisait pas à changer ma réalité… Les affirmations n'avaient pas de prise, ni assez de force pour contrecarrer mes souffrances passées, donc mon scénario d'origine, ce qui a provoqué chez moi des déceptions. Je me demandais pourquoi ces techniques ne fonctionnaient pas avec moi… Je finissais même par me reprocher de ne pas y arriver, et comme vous pouvez l'imaginer cette culpabilisation ne facilitait pas la concrétisation de mes projets. J'ai fini par comprendre que je ne trouverais pas mon véritable pouvoir sur ma réalité sans commencer par me « nettoyer » l'esprit, me déprogrammer de tout ce qui m'empêchait de matérialiser mes désirs. Chacun de nous est en effet un peu comme un jardin qu'il faudrait d'abord débarrasser de ses mauvaises herbes, pour pouvoir ensuite y faire pousser ce que l'on souhaite.

Comme beaucoup d'autres, j'ai expérimenté ce processus pour constater que cela ne suffisait pas à changer ma réalité…

Se libérer de ses souffrances profondes est le meilleur moyen d'avoir un impact concret sur la réalité. Nous devons pour cela considérer les idées négatives, mais aussi le ressenti qui les accompagne, car c'est la conjugaison des deux qui empêche une affirmation positive d'être productrice d'effets. Par exemple, vous voulez augmenter votre clientèle. Vous savez que vous avez de bons produits, mais au fond de vous, étant donnée la concurrence et la conjoncture, vous ne croyez pas que cela soit possible. Or, c'est cette petite voix qui aura le dessus sur votre désir d'accroître votre activité, car parmi toutes vos pensées c'est celle qui est associée à votre ressenti qui produit un résultat. Pas la pensée dont vous cherchez à vous convaincre, mais celle que vous ressentez profondément.

SORTIR DE LA PENSÉE NÉGATIVE

Voici comment diminuer l'impact de la négativité, tout en apprenant à la priver de son pouvoir. Habituellement, les pensées de nature négative s'organisent autour de la boule de souffrance et de son lot d'échec et de frustration. (Voir « Ne soyez plus happé par les émotions négatives », p. 27)

Très tôt dans la vie nous avons dû faire face à des critiques, des humiliations, des petites remarques ou des grandes censures, toute une accumulation de freins venant de la famille ou de l'environnement proche. Si ces paroles ont été répétitives et associées à certaines expériences particulières, elles deviennent des croyances, or ce à quoi nous croyons profondément et que nous ressentons émotionnellement se manifeste automatiquement. La plupart d'entre nous portons cette blessure d'enfance inscrite en nous, qui a encore des conséquences dans notre réalité d'aujourd'hui, particulièrement en période de stress, de démotivation ou de fatigue ou lors de la mise en place d'un nouveau

Très tôt dans la vie nous avons dû faire face à des critiques, des humiliations, des petites remarques ou des grandes censures.

Il existe plusieurs familles de croyances limitantes qui émettent ces vibrations négatives que nous retrouvons dans les scénarios.

projet, ou encore dès que l'on cherche à épanouir une faculté inexploitée.

Il existe plusieurs familles de croyances limitantes qui émettent ces vibrations négatives que nous retrouvons dans les scénarios. En voici un aperçu.

Pensées et Croyances qui touchent nos aptitudes

→ Je n'y arriverai pas...
→ Je ne suis pas à la hauteur de ...
→ Je ne suis pas capable de...
→ Je ne peux pas...
→ Ce n'est pas possible de...
→ Ça ne vaut pas la peine de...

Pensées et Croyances qui touchent notre valeur

→ Je ne mérite pas...
→ Je ne suis pas digne de...
→ Ce n'est pas pour moi, c'est trop beau...
→ Je ne vaux rien...
→ Je suis nul (le), idiot(e)...
→ Je ne suis pas assez intelligent(e)...
→ Je suis une déception...
→ Je ne suis pas assez bien pour...

Pensées et Croyances associées à des interdits

→ Je n'ai pas le droit de....
→ Je n'ai pas la permission de...
→ Je ne sais pas ce que j'ai à faire...
→ Ça m'est interdit de...
→ Je doute de pouvoir...

Pensées et Croyances associées à la place que nous avons

→ Je n'existe pas…
→ Je suis insignifiant…
→ Je ne suis pas bienvenu(e)…
→ Je n'ai pas de place…
→ Je ne suis pas complet (ète)
→ C'est risqué d'être moi…
→ Je ne suis pas désiré(e)…

Je vous invite à repérer la ou les pensées devenues des croyances qui semblent correspondre à ce que vous vivez. Remarquez comment certaines font écho à votre propre histoire. Ces phrases ont tendance à surgir lors de périodes où se profile une perspective de changement, lorsque vous voulez passer à « autre chose ». Ces phrases, anodines en apparence, réactivent la boule de souffrance qui a tendance à dramatiser la perception de votre situation actuelle.

Je vous invite à repérer la ou les pensées devenues des croyances qui semblent correspondre à ce que vous vivez.

Si vous avez repéré une phrase qui intervient comme un leitmotiv dans votre vie, efforcez-vous dès à présent de la remplacer par une pensée qui vous permette d'en sortir. Par exemple, « Je n'existe pas », peut être remplacé « j'ai le sentiment de ne pas exister, aujourd'hui je choisis de prendre ma place même si je crois que je ne la mérite pas », ou si vous avez tendance à vous répéter à tout bout de champ « Je suis nul », dites-vous désormais « je m'estime, même si je me crois nul », « même si je ne sais pas ce que j'ai à faire, je choisis de trouver ce qui me convient », etc. (Voir « Prenez une nouvelle décision : « même si », p. 229)

SAVOIR INVERSER L'ÉNERGIE DE LA PENSÉE NÉGATIVE

Chaque pensée recèle un potentiel énergétique fabuleux : elle crée la possibilité en nous faisant ressentir une émotion, qui à son tour agit comme un aimant sur la réalité. Par ce processus profondément ancré en nous, nous attirons magnétiquement ce sur quoi nous focalisons notre pensée. Il s'agit donc d'apprendre à amplifier les sensations positives ou, à l'inverse, d'éliminer celles ressenties négativement.

Bien sûr, notre manière de penser ne peut pas se métamorphoser du jour au lendemain, parce qu'elle est en partie inconsciente. Notre bonne volonté et notre détermination à créer le meilleur seront des atouts appréciables, ils nous donneront le courage d'aller au bout du processus. Nous avons précédemment analysé les mots de notre vocabulaire (Voir « Analysez les mots de votre quotidien », p. 116). A présent il s'agit d'entrer dans une conscience plus fine en analysant nos pensées elles-mêmes, afin de mettre à jour celles qui nous sont défavorables. Cela est le point de départ du processus de libération que nous pouvons engager dès à présent.

Notre bonne volonté et notre détermination à créer le meilleur seront des atouts appréciables, ils nous donneront le courage d'aller au bout du processus.

Si vous vous sentez coincé dans des croyances, voici un exercice de clarification mentale pour vous aider à prendre conscience des vôtres, afin d'en tourner l'énergie à votre avantage.

Prenez conscience de vos croyances : protocole de clarification mentale

1. Faites une listes des pensées, des critiques ou dépréciations que vous avez à votre égard. Vous pouvez demander à votre pouvoir créateur de collaborer à cette mise au point. En prenant un petit temps de réflexion, rappelez-vous d'une situation où vous n'étiez pas bien avec vous-même, d'une situation où vous viviez un échec. Ecrivez les phrases que vous vous disiez probablement à ce moment-là (ex : C'est bien fait pour toi, ce n'est pas possible, c'est de ma faute, je suis nul, pauvre fille...)
2. Prenez un petit temps pour commenter chacune d'elles afin de les relier à votre histoire personnelle. Demandez-vous en quelles occasions ces phrases se réactivent.
3. Choisissez, pour commencer, une croyance que vous allez explorer. Dans quelque temps vous pourrez en choisir une autre à dissoudre, ainsi de suite. Notez-les ci-dessous par ordre d'importance.

→ ______________________________

→ ______________________________

→ ______________________________

4. Quelles émotions ou sentiments sont associés à votre pensée restrictive ? cela vous indiquera d'où vient la charge émotionnelle attractive. Vous pouvez vous référer au chapitre sur les émotions pour vous aider à préciser les choses.
5. Quels comportements adoptez-vous dans ces périodes-là ? Et que croyez-vous au sujet des autres, du monde ? Que deviennent vos relations avec vos proches ?

6. Quelles actions faites-vous, ou pas, à ce moment-là ? Vous pourrez ainsi mesurer l'impact de cette pensée dans votre réalité.
7. Malgré tout ce que vous venez d'explorer, quelle est le bénéfice positif que vous pouvez en retirer ? Qu'est-ce que cela vous permet de vivre ? D'avoir ? Souvenez-vous en effet que, pour qu'une pensée limitante reste accrochée à votre système c'est que vous y avez un intérêt, très souvent inconscient. Par exemple, si je crois que je ne vais pas y arriver, je m'arrange pour rester en retrait. J'y trouve un avantage, celui de ne pas prendre de risque, de ne pas m'exposer, et j'en retire le bénéfice de la protection et de la sécurité. Mais je les paie très cher, en m'empêchant d'évoluer. Relisez ce que vous avez écrit, cela vous permettra de repérer la graine de positif et de lumière dans cette partie d'ombre.
8. Demandez-vous comment vous pourriez retrouver et vivre ces bénéfices dans des circonstances constructives et positives (dans l'exemple précédent, la protection et la sécurité).
9. Imaginez que vous désamorcez votre croyance. Quels changements peuvent survenir dans votre vie ? Prenez du temps pour explorer ces nouvelles situations, jusqu'à ressentir dans votre corps des émotions et des sensations tout à fait positives. Puis ressentez la satisfaction à l'idée de vivre cette nouvelle vie que vous choisissez, où vous saurez accorder vos pensées, vos émotions, vos sensations et vos réactions.
10. Pour mettre en place concrètement cette perspective maintenant, quel engagement ou quelles actions devez vous engager ? Quand ?

→ Il est essentiel de fixer une action précise, car elle sera la manifestation, sur le plan matériel, de votre décision. L'action fera pénétrer vos pensées dans la réalité, surtout si vous projetez une nouvelle qualité de vie à laquelle vous n'êtes pas habitué.

Notez dans votre agenda cette action, ce qui vous aidera dans ce passage à une autre réalité.

CHOISISSEZ UNE NOUVELLE CROYANCE POSITIVE

Une fois dégagé d'une croyance négative, prenez un peu de temps pour en programmer une positive à la place. Pour vous aider à la formuler clairement, demandez-vous ce que vous voulez vivre réellement. À quoi souhaitez-vous croire maintenant ? Quel sens voulez-vous donner à votre existence ? Qu'est-ce qui dans la vie peut vous dynamiser pleinement ? Face à un éventail de choix immenses, c'est aujourd'hui à vous de décider de continuer d'écrire votre scénario de bonheur.

Notez la phrase positive

→ ____

Puis imaginez-la être déjà réalisée, comme si c'était vrai, même si vous ne savez pas comment cela se produira dans la réalité. Projetez-vous dans cette nouvelle réalité pour répondre aux questions suivantes

Quelles émotions ressentez-vous :

→ ____

Quelles sensations corporelles ressentez-vous ? Quelles postures adoptez-vous ?

→ ____

Quel comportement adoptez vous :

→ ____

Que vous dites-vous à votre sujet :

→ ____

Que dites-vous au sujet des autres, de la vie :

Voyez toute votre
beauté intérieure

Choisissez le meilleur
pour vous

Vous avez le droit d'être
pleinement heureux.

→ ____

Que disent les autres à votre sujet :

→ ____

Quelles actions faites-vous :

→ ____

Quel impact avez-vous sur le monde

→ ____

Tranquillement, relisez ce que vous venez d'écrire et vérifiez que vous êtes en parfait accord avec votre choix de vie. Il est indispensable que vous ressentiez cet accord entre la formulation de la phrase et vos convictions profondes, car n'oubliez pas que c'est la cohérence entre votre phrase et votre ressenti qui lui donnera tout son impact. Vous devez croire profondément à votre phrase, et ne pas éprouver la peur lorsque vous la formulez, afin qu'elle soit à même de vous sortir du mécanisme de la négativité.

Inscrivez cette phrase dans votre agenda ou sur une petite fiche que vous collez sur la glace de votre salle de bain, ou à tout autre endroit stratégique où vos yeux pourront la voir assez souvent et la rappeler à votre esprit.

Chapitre 9

Comment sortir de la négativité ?

ACCEPTER DE TOMBER LE MASQUE

Il arrive que nous n'ayons pas pu exploiter tout un potentiel car il est demeuré ignoré de nos proches, de nos éducateurs, puis plus tard de nos collègues, de nos supérieurs, mais avant tout de nous-mêmes !

Dès notre plus jeune âge, il nous faut parfois faire de réels efforts pour répondre aux exigences de la famille et de la société. Nous sommes donc amenés à focaliser une grande énergie sur le rôle que l'on pense devoir tenir, jusqu'à nous créer une image sociale. C'est ce personnage que nous présentons à autrui pour nous adapter et trouver notre place.

Dès notre plus jeune âge, il nous faut parfois faire de réels efforts pour répondre aux exigences de la famille et de la société.

Mais il se peut que cette adaptation se soit faite au détriment de notre originalité, voire de notre identité profonde. Si c'est le cas, au fil du temps notre vérité personnelle a pu perdre de son importance, jusqu'à se trouver refoulée. Or, nous donnons une image erronée de nous-mêmes quand notre profondeur est négligée et reléguée dans l'ombre. Pris au piège de ce jeu, on finit par croire soi-même à cette fausse image, pour finalement ne plus savoir qui nous sommes vraiment. Ce décalage peut porter atteinte à une saine intégration, comme à notre évolution sociale, professionnelle et affective.

Chez certains, les frustrations trop fréquentes, les humiliations, les traumatismes physiques ou psychologiques et le manque de nourriture affective ont pu altérer en profondeur la perception d'eux-mêmes. Ils sont amenés à consolider cette fausse image de soi que l'on peut appeler le « masque ». Au quotidien, ces personnes ont l'impression qu'elles doivent en permanence se battre ou se protéger. Leurs réactions, défensives ou dominatrices, sont exacerbées par la peur d'être touchées une fois encore.

Beaucoup se fabriquent le masque d'une image idéale qui leur permettra de se sentir acceptable.

Beaucoup se fabriquent le masque d'une image idéale qui leur permettra de se sentir acceptable. Mais à trop soigner ce masque, on perd le lien avec son propre désir, avec ses aspirations profondes. Car avec le temps nous avons pu finir par nous identifier à lui sans aucune conscience de notre manque d'authenticité. Dans ce cas, on s'éloigne de sa propre vérité, de la complexité de son être, de ses véritables aspirations. Involontairement, on s'oblige à fournir des efforts importants, on se met sous pression pour maintenir l'axe qu'on a fixé dans l'enfance pour se protéger. A un certain stade de notre existence, il peut en découler toutes sortes de conséquences :

- Peur irraisonnée,
- Épuisement physique,
- Perte du sens de ce que l'on fait,
- Déprime,

- Besoin d'avoir toujours raison,
- Réactions violentes, parfois retournées contre soi (maladies, accidents),
- Accentuation des dépendances (alcool, nourriture, médicaments...)

Un réel travail de réflexion et de conscience, seul ou accompagné d'un spécialiste, pourra nous libérer de l'emprise de cette image devenue tyrannique qui finit inévitablement par nous saboter : pour aller au-delà du masque il nous faut plonger à l'intérieur de nous.

Lorsqu'on vit à un tel stade d'éloignement de son « moi intime », il nous faut être courageux, et animé d'un profond désir de faire cette véritable rencontre intérieure. Cela nous permettra de récupérer une énergie incroyable, autrefois dépensée à se conformer au monde extérieur. Cette énergie nous servira à trouver la force d'oser tomber le masque, afin de traverser l'ombre qui nous sépare de notre vérité. Regardons notre masque en face et demandons-nous :

Cela nous permettra de récupérer une énergie incroyable, autrefois dépensée à se conformer au monde extérieur.

- Qui est ce masque, ce personnage ?
- À quoi sert-il ?
- Que me permet-il de vivre, de faire ?
- Qu'est-ce que je veux montrer aux autres ? Qu'est ce que je pense qu'ils attendent de moi ?
- Quand je parle de moi aux autres, qu'est-ce que je dis ? Quand je parle de mes proches, qu'est-ce que je dis à leur sujet ? Quels mots, quels qualificatifs j'utilise ?
- Qu'ai-je besoin de penser, de ressentir à mon sujet pour passer à autre chose ?

Ce travail de clarification est important pour, petit à petit, se recentrer sur qui on est vraiment dans notre globalité. Pour retrouver la capacité de penser par nous-mêmes, il faut prendre conscience du langage qu'on emploie, car toute forme de création commence par des mots. Peut-être pourrons-nous ainsi mieux nous comprendre, saisir le sens de nos propres contradictions, reconnaître nos erreurs, distinguer nos faiblesses et nos forces, pour enfin découvrir nos potentialités enfouies.

Notre succès et la réussite de nos projets dépendent de notre aptitude à résorber notre image négative et à nous accepter tels que nous sommes, sans jugement.

En prenant ainsi conscience des différentes facettes de notre être, nous transformons nos attitudes et nous nous ouvrons au véritable changement. Dès que notre conscience nous dicte qu'il est temps de nous éloigner de nos mensonges pour nous rapprocher de notre authenticité, nous avons l'opportunité de vivre pleinement notre pouvoir créateur, en faisant coïncider qui nous sommes avec nos véritables aspirations. Elles ne manqueront pas d'émerger dans ce processus même si elles n'apparaissent pas très clairement au début. Notre succès et la réussite de nos projets dépendent de notre aptitude à résorber notre image négative et à nous accepter tels que nous sommes, sans jugement.

Devant un miroir, regardez-vous dans les yeux et répétez à haute voix, à plusieurs reprises « je m'aime » en faisant résonner cet exercice. Faites cet exercice jusqu'à ce que vous le ressentiez… Jusqu'à ce que vous y croyez pleinement. Cet exercice, simple en apparence, permet en réalité d'accéder par le regard à différents niveaux de profondeur en soi. Plonger ainsi au plus profond de son regard crée un lien entre nos émotions et notre esprit.

SE DEGAGER DE LA RÉPÉTITION

Malgré un travail personnel, et en dépit d'un certain nombre de prises de conscience, il se peut qu'on se trouve encore sous l'emprise de situations qui se répètent à l'identique. Tout d'abord, rassurez-vous et ne vous en voulez pas : certaines personnes vivent leur changement très rapidement, d'autres ont besoin de plus de temps pour que les choses s'accomplissent. Chaque fois que vous rencontrez à nouveau ce que vous pensiez réglé, c'est une leçon qui se présente à vous. Même si cela peut sembler difficile au quotidien, gardez un état d'esprit ouvert à l'évolution, car rien n'est jamais acquis ni figé dans la vie, même quand on entreprend un travail sur soi, même quand on se rapproche au plus près de ses aspirations profondes. Demandez-vous « Qu'ai-je à apprendre en ce moment ? »

Malgré un travail personnel, et en dépit d'un certain nombre de prises de conscience, il se peut qu'on se trouve encore sous l'emprise de situations qui se répètent à l'identique.

Rappelez-vous qu'une prise de conscience, pas plus qu'une décision mentale, ne suffisent à créer tous les changements désirés ! Mais elles sont le premier pas indispensable, et doivent s'enraciner au plus profond de nous, car c'est là qu'elles trouveront le chemin de notre force intérieure et rencontreront la vibration de notre désir. Cette réappropriation de notre pouvoir créateur fortifie la volonté et mobilise l'être tout entier dans la conviction profonde que c'est possible. Psychisme, émotionnel et corps physique doivent enregistrer cette décision pour créer une nouvelle programmation, porteuse de la fréquence qui va concrétiser ce que l'on veut.

Notre identité toute entière doit être convaincue qu'elle doit renoncer et abandonner tout ce qui pourrait nous faire souffrir, nous empêcher de créer notre réalité.

Notre identité toute entière doit être convaincue qu'elle doit renoncer et abandonner tout ce qui pourrait nous faire souffrir, nous empêcher de créer notre réalité. Pour éviter de renforcer notre résistance, il nous faudra passer par l'acceptation de la situation présente, qu'elle nous plaise ou non : l'être humain est enclin à s'attacher à ce qu'il connaît bien, même si cela le fait souffrir ! Si ces situations se répètent malgré tout, reprenez le travail précédent sur les croyances pour vous défaire de vos systèmes négatifs et vous ouvrir à la nouveauté.

Savoir ce que l'on ne veut pas est une étape importante, mais il ne faut pas s'arrêter à cette idée car cela ne ferait que la renforcer. Le fait de décider fermement et de penser « Je ne veux plus de telle situation » doit être suivi d'un changement au niveau du comportement, du langage et des actions, pour aller progressivement vers « Ce que je veux ».

Bien sûr, vous aurez compris que l'on ne peut pas se contenter d'une idée vague de notre réel besoin, sinon rien de spécial ne peut se manifester dans notre vie. Il nous faut donc clarifier très précisément ce que l'on veut, puis l'intérioriser, afin de le réaliser étape par étape.

Pour passer au véritable changement, certains doivent rencontrer leur seuil d'inacceptable. C'est un moment privilégié, où vous ressentez profondément « Ça suffit maintenant ! » C'est comme une porte que vous claquez sur un passé dont vous ne voulez plus. Vous mettez les compteurs à zéro pour un nouveau départ. Ce seuil est un véritable pivot, où vous apprivoisez toute la puissance du choix.

Pour passer au véritable changement, certains doivent rencontrer leur seuil d'inacceptable.

Face à un objectif, petit ou grand, il faut aussi envisager les conséquences du changement et les intégrer. De cette manière, nous ressentons une entière approbation qui nous fait penser « Oui, c'est bien cela que je veux ». Cela nous offre l'opportunité de mobiliser notre force de conviction qui nous aide à nourrir et à vivre cette décision jusqu'au bout. Plus notre objectif est important, plus il nous faudra accepter de vivre un bouleversement physique, affectif et mental, dans lequel un soutien extérieur ponctuel peut s'avérer précieux. Tout comme le temps, qui sera notre allié.

TROUVER EN SOI LA SECURITE FACE A L'INCONNU

Certaines circonstances rendent le changement si nécessaire que nous sommes contraints d'y obéir : poussés par des conditions extérieures à notre volonté, nous ne sommes pas forcément préparés à faire des choix, à organiser, pourtant tout nous pousse à embrasser la nouveauté.

Depuis notre petite enfance nous avons dû changer d'école, d'amis, de métier, nous avons vécu des séparations, des déceptions, des chagrins, pourtant encore aujourd'hui nous pouvons nous sentir démunis face au changement.

Or, la vie est mouvement… Regardez la nature autour de vous, en perpétuel renouvellement ! Cette perspective peut être effrayante, pourtant nous devons traverser des phases de chaos naturel.

Or, la vie est mouvement… Regardez la nature autour de vous, en perpétuel renouvellement ! Cette perspective peut être effrayante, pourtant nous devons traverser des phases de chaos naturel. Pour accueillir la nouveauté, il nous faut naviguer entre l'ordre et le désordre. Puisque notre vie extérieure est en résonance avec ce qui se passe en nous, une simple modification d'idée ou un projet qui touche à nos convictions profondes nécessitent un ajustement. C'est là le travail de notre conscience.

Nous avons pu intérioriser un certain sentiment de sécurité grâce à la permanence affective que nos parents nous ont apportée autrefois, ce qui nous permet de faire face sereinement à toutes les situations. Mais si nous avons le sentiment de ne pas avoir bénéficié de cette affectivité rassurante, l'adulte que nous sommes devenus peut encore l'implanter de manière consciente grâce aux suggestions suivantes.

Pour construire l'état de sécurité intérieure, il faut veiller à prendre soin de soi et de son intégrité en toute circonstance. On peut commencer à le vivre dans les détails de son quotidien, en mangeant selon les besoins de son corps, en veillant à la provenance des aliments, en étant conscient de ses moyens financiers pour ne pas se mettre en danger, en apportant suffisamment d'heures de sommeil à son corps, en prenant le temps de méditer chaque jour pour devenir plus conscient de ses besoins profonds, etc. Il s'agit en fait d'éliminer de nos comportements tout ce qui est susceptible de nous faire souffrir, physiquement ou psychologiquement.

Malgré toutes les expériences de réussite, de projets que l'on a pu mener à leur terme, de périodes de bonheur que l'on a connues, nos peurs sont tenaces et savent encore très bien nous manipuler. En nous faisant envisager le pire, elles exacerbent notre besoin de contrôler, de retenir ce que l'on a déjà, de maîtriser notre entourage et les circonstances. Trop facilement attirés par le négatif, la plupart d'entre nous devons apprendre à dédramatiser ! Pour cela, il convient comme nous l'avons vu de dompter notre mental pour rendre notre émotionnel fertile. (Voir « Penser positif, c'est d'abord ressentir le positif », p. 157.)

Malgré toutes les expériences de réussite, de projets que l'on a pu mener à leur terme, de périodes de bonheur que l'on a connus, nos peurs sont tenaces et savent encore très bien nous manipuler.

Dédramatiser, c'est aussi se rappeler que dans la vie le temps n'est pas toujours au beau fixe, ni dans le ciel ni en nous ni autour de nous. Le chaos est naturel, mais il est passager. Dans le même temps, il nous faut accepter que nous ne maîtrisons pas complètement le moment où les choses changeront. Nous ne pouvons pas savoir avec exactitude quand le changement aura lieu ni la manière dont nos problèmes se résoudront. Nous devons donc accepter de vivre dans une certaine incertitude : peut-être que notre vie sera mieux, mais peut-être pas dans un premier temps. Aucune garantie n'est assurée, car les croyances inconscientes ont aussi leur place dans le processus...

AGIR ET ACCEPTER : UNE HISTOIRE D'ÉQUILIBRE

Notre intuition nous permet d'anticiper les choses, mais il ne s'agit pas non plus de baisser les bras et d'attendre qu'elles se fassent d'elles-mêmes.

Notre intuition nous permet d'anticiper les choses, mais il ne s'agit pas non plus de baisser les bras et d'attendre qu'elles se fassent d'elles-mêmes. Notre rôle est primordial dans le changement : il consiste à suivre cette impulsion intérieure qui nous encourage à suivre le mouvement de la vie. Nous devons aussi écouter notre voix intérieure, car elle nous met en présence de certains rendez-vous avec l'extraordinaire ! Evitons également de cultiver l'idée qu'il nous faut forcément souffrir pour avoir ce que l'on veut, ou que nous aurons besoin de beaucoup de temps pour passer à autre chose, car ces croyances négatives imprègneront notre conscience. Celle-ci ne subit pas l'empreinte du temps, mais elle a besoin de toute notre présence à l'instant, et aussi de notre lâcher prise sur une attente crispée et trop précise, pour nous pénétrer totalement, et nous montrer toutes nos potentialités. D'où la nécessité d'apprendre à nous distancier de nos peurs pour accepter l'inconfort momentané, intérieur et extérieur. (Voir « Eliminer la peur et trouver la confiance », p. 243.)

Revenons ici sur le terme accepter. Accepter la réalité ne signifie pas être d'accord avec ce qui est, mais c'est le valider : sans jugement sur soi ni sur les autres, on reconnaît simplement que les choses, aujourd'hui, sont telles qu'elles sont. L'acceptation est le premier pas indispensable au changement, car on ne peut transformer que ce qui est, on n'a d'autre choix que d'agir sur notre réalité d'aujourd'hui, peu importe pourquoi on en est arrivé-là. Loin de la résignation, l'acceptation nous libère du passé, car elle permet d'abandonner résistance et opposition, qui mobilisent toute notre énergie dans la lutte contre quelque chose qui est. Or, contrairement à ce que l'on croit, il est très difficile de véritablement changer quelque chose contre quoi on résiste, car la résistance empêche l'énergie de circuler. Au contraire, l'acceptation de ce qui est engendre un mouvement tourné vers l'avenir : nos forces sont libérées pour créer quelque chose de nouveau. C'est dans l'acceptation pleine et entière que nous rencontrons notre véritable puissance.

Or, contrairement à ce que l'on croit, il est très difficile de véritablement changer quelque chose contre quoi on résiste, car la résistance empêche l'énergie de circuler.

Face à toute sorte de contrariétés, de situations qui nous posent question, il s'agit d'être en mesure d'accepter les choses, donnons l'occasion à notre conscience de prendre du recul, de voir la situation comme un élément à part entière, dissocié de nous. Prenons donc l'habitude de nous demander :

→ Que se passe-t-il en moi ?
→ Qu'est-ce qui m'empêche d'obtenir ce que je veux réellement ?
→ Qu'est-ce que cette situation peut m'apprendre sur moi ? Qu'ai-je à modifier dans mon comportement ?
→ Que puis-je trouver de bénéfique dans ce qui m'arrive malgré tout ? C'est-à-dire : Qu'est-ce que j'y gagne sans le savoir ?

- → Si j'imagine que, sous peu, tout est résolu, quel est mon ressenti intérieur à ce moment là ? Comment suis-je dans mon corps ? Quelle posture, quelle position j'adopte ? Quelle est mon expression verbale, quels sont mes comportements ? Qu'est ce que je ressens dans cette nouvelle situation ?
- → Après avoir réfléchi sur ces dernières questions, nous pouvons visualiser quelques instants la situation telle que nous aimerions la voir évoluer. Cette projection dans le futur nous permet réellement de mesurer et d'apprécier ce qu'on veut voir se produire. Lorsque nos cinq sens sont stimulés et que nous ressentons les émotions comme si c'était réel, notre cerveau ne fait pas la différence entre ce que l'on vit et ce que l'on imagine vivre. De cette manière nous renforçons notre possibilité de créer ce que l'on veut.

En explorant ces différents points, nous faisons appel à notre conscience et à notre intelligence intuitive qui ont la capacité de faire émerger des réponses à toutes les questions de sens.

En explorant ces différents points, nous faisons appel à notre conscience et à notre intelligence intuitive qui ont la capacité de faire émerger des réponses à toutes les questions de sens.

- → Enfin, pour finir ce travail il s'agit de ramener la conscience en ayant une vision plus globale de la situation. Quel premier acte puis-je poser dans la réalité pour la solutionner ? Quand dois-je l'accomplir ? Notez cela dans votre agenda.

La seule sécurité qui existe dans toute période de changement, voulu ou non, est celle que l'on porte en soi. Celle-ci n'a pas manqué de s'inscrire en diverses occasions tout au long de notre vie. Il faut savoir que l'on peut à tout instant s'appuyer sur nos valeurs et nos acquis pour nous en servir le moment venu.

QUITTER LA PROJECTION

Une fois devenus adultes, comment se fait-il que les inscriptions de notre passé lointain aient encore aujourd'hui, consciemment ou non, autant d'importance ? Certaines, considérées comme répréhensibles ont été refoulées dans notre inconscient, mais des potentialités ou des talents peuvent également y résider faute d'avoir été découverts et encouragés. L'ensemble de complexes et de ces énergies psychiques, Jung les a nommés l'ombre (Voir « La boule de souffrance et ses effets », p. 23), illustrant bien ce qui est invisible et méconnu à nos yeux. Comme une silhouette collée à nous. Notons que, bien souvent, les autres perçoivent inconsciemment ce côté sombre c'est-à-dire méconnu de notre personnalité qui nous est inaccessible, ce qui peut nous faire réagir avec véhémence. (Voir « Comment l'autre nous révèle notre ombre », p. 140)

Une fois devenus adultes, comment se fait-il que les inscriptions de notre passé lointain aient encore aujourd'hui, consciemment ou non, autant d'importance ?

Nous avons vu précédemment comment nous construisions une image plus ou moins authentique derrière laquelle il y a notre Moi intime ou notre Soi. Les parties consciente et inconsciente de notre esprit côtoient l'ombre que nous allons explorer. Pour la compréhension de la suite, considérons que c'est là, dans notre ombre, que se trouve l'expression de notre dualité. Tel le symbole du yin et du yang, le premier dans la lumière de notre conscience, l'autre dans la profondeur inaccessible de notre être, tout deux s'interpénétrant en de multiples occasions.

Lorsque dans notre vie nous faisons l'expérience de notre ombre, cette part de nous que nous méconnaissons, nous sommes amenés à faire ce que l'on ne voulait pas, et sommes empêchés de faire ce que l'on voudrait. Au point d'avoir l'impression qu'un autre nous est en train d'agir. Dans son versant négatif, l'ombre empêche donc la venue du bonheur. La question qui se pose est : comment repérer l'influence, et surtout le mécanisme, de notre ombre dans la vie ?

Dans son versant négatif, l'ombre empêche donc la venue du bonheur.

Il y a deux manières de se projeter : de manière positive ou négative.

Le phénomène de la projection :

Nos relations avec autrui peuvent se tisser selon trois modes de communication différents.

→ L'échange : chacun y a sa place et s'exprime. C'est une mise en commun d'idées et de projets, la relation est vivifiante. Mais même si l'échange n'est pas tout à fait réciproque, et que l'autre fait preuve de maladresse, d'impolitesse, ou d'incivilités, dans un tel mode relationnel on n'en est pas affecté émotionnellement et on parvient à garder une vision objective des faits.

→ L'indifférence ou la neutralité : elles se caractérisent par un manque évident d'intérêt pour l'autre. Aucune émotion ne vient animer la relation qui ne peut pas se créer.

→ La projection : mode de relation très répandu qui consiste à attribuer à l'autre des qualités ou des défauts qui, en fait, nous appartiennent et que nous rejetons ou que nous ignorons. Par l'effet miroir, l'autre nous montre donc une partie de nous-mêmes. Cela peut être un défaut, une qualité ou encore un talent à exploiter. Cette facette, qui semble inacceptable, inconcevable ou inaccessible pour notre conscient, nous la déplaçons à l'extérieur de manière inconsciente. Nous croyons réellement voir l'autre tel qu'il est, et ignorons que nous y projetons quelque chose qui réside déjà en nous.

Prendre conscience de ce processus de la projection, à l'œuvre dans toutes les relations humaines, nous permet, si nous le désirons, de rencontrer notre ombre. Cette conscience nous permet de nous libérer de son influence néfaste car nous sommes lucides sur ce qui se passe en nous : conscients de nos projections, qui nous renseignent sur toutes les facettes de notre personnalité, nous désactivons ce qui pourrait se retourner contre nous à notre insu. Nous avons là un moyen supplémentaire pour mettre hors circuit ce qui pourrait nous empêcher d'accéder à nos aspirations profondes.

Prendre conscience de ce processus de la projection, à l'œuvre dans toutes les relations humaines, nous permet, si nous le désirons, de rencontrer notre ombre.

Approfondissons l'étude de nos comportements et de nos pensées pour déceler le moment où nous faisons une projection. Le premier paramètre à écouter est notre implication émotionnelle forte : nous éprouvons pour l'autre fascination ou hostilité, ce qui engendre des sensations corporelles excessives. Par exemple, dans le cadre d'une projection positive : le regard est fixé sur l'autre, on se sent attiré par l'autre qui fascine comme s'il était un aimant, la respiration s'accélère et le cœur s'emballe, le visage est ouvert et dilaté... En cas de projection négative au contraire, le visage se contracte, le corps se replie (jambes ou bras qui se croisent, tête qui se tourne) le corps est prêt à bondir ou à fuir...

Voici les deux polarités d'une projection :

Projections négatives	Projections positives
Quand l'autre m'est hostile, je ressens : Du rejet et de la répulsion, Du dégoût, De l'hostilité, De l'antipathie, Je le critique et je le juge, ...	Quand j'admire l'autre, je me sens : Fasciné, Subjugué, Ébloui, Je l'encense, Je l'adule, ...

La projection négative :

Prenons la colonne de gauche, celle des projections négatives. Nous projetons sur l'autre ce que nous critiquons le plus, nous accrochant aux défauts qu'on lui prête. Prendre conscience que ce type de jugement révèle un trait de notre caractère nous invite à reconnaître et accepter nos propres défauts. Par cette perception plus complète de qui nous sommes, cela nous amène à une plus grande croissance intérieure. Cet apprivoisement de notre ombre[11], en assouplissant nos rigidités, nous fait grandir.

Par exemple, lorsqu'on déteste ou qu'on se sent gêné par une personne charismatique, à l'aise en public et puissante, celle-ci nous montre probablement que nous portons en nous ces mêmes aspects et elle nous invite à les développer, surtout si nous sommes de nature calme, posée et réservée.

Autre cas, si nous condamnons une personne pour sa déloyauté ou son arrivisme et qu'à l'inverse nous revendiquions haut et fort notre intégrité sans faille, il nous faut admettre que l'idée de déloyauté fait partie de notre ombre, même si nous ne l'exprimons pas dans notre réalité. Cette conscience nous permet de sortir de la critique de l'autre, qui mobilise une partie importante de notre énergie… Il nous est aussi possible de développer en nous de nouvelles facettes car notre rigueur d'in-

Autre cas, si nous condamnons une personne pour sa déloyauté ou non arrivisme et qu'à l'inverse nous revendiquions haut et fort notre intégrité sans faille, il nous faut admettre que l'idée de déloyauté fait partie de notre ombre.

11. *A propos de l'ombre dans les projections humaine*, Jean Montbouquette *Apprivoiser son ombre*, Bayard, 2001, p. 86 à 120 et Paule Salomon, *Je peux changer*, Dervy, 2000

tégrité a pu par exemple nous faire renoncer à des qualités appréciables telles que l'ingéniosité, l'habileté, l'astuce, etc. Cet éclairage de nos zones d'ombre et leur reconnaissance nous aident à surmonter l'antipathie que l'on éprouve envers ceux que nous jugeons.

Il est important de sortir de la projection, car elle émet des vibrations particulièrement attractives qui enferment, soi et les autres, dans le jugement.

Il est important de sortir de la projection, car elle émet des vibrations particulièrement attractives qui enferment, soi et les autres, dans le jugement. Comme le montre la multitude des conflits qui nous entourent…

La projection positive :

Considérons à présent la colonne de droite, celle des projections positives, et envisageons le cas d'une personne qui nous fascine. Nous admirons son originalité, sa créativité, son ingéniosité… En fait, cette admiration nous montre que nous pouvons développer ces mêmes qualités, car leur germe existe en nous. Nous les portons déjà, à l'état latent, c'est pour cela que nous sommes attirés par cette personne : il est très intéressant d'observer qui nous admirons, car cela nous renseigne sur ce que l'on peut développer chez nous. Jusqu'à aujourd'hui, ces potentialités n'ont pas trouvé le chemin de leur expression pour diverses raisons, et comme nous sentons qu'elles nous manquent nous sommes irrésistiblement attirés par tous ceux qui les vivent au grand jour. Ils nous montrent que nous aussi pouvons y accéder.

VIVRE DES RELATIONS AFFECTIVES SANS PROJECTION

Les relations affectives sont elles aussi concernées par la projection.

Bien sûr, les relations affectives sont elles aussi concernées par la projection. Quand on tombe amoureux, que la passion nous enflamme, le système de projection est à l'œuvre. La personne aimée incarne, pour un temps, toutes les qualités que l'on désire secrètement acquérir. Nous projetons sur elle ce que l'on a refoulé chez nous et espérons inconsciemment, par cette union, acquérir comme par transfert les qualités qui nous fascinent. Quand la projection est mutuelle, le couple se forme.

C'est ainsi que nous pouvons être attiré par notre opposé, sans que cela pose question. Au début, la relation nous comble. Nous avons la sensation qu'elle nous nourrit tant sur le plan psychologique qu'émotionnellement. Mais si nous ne sommes pas conscients de ce mécanisme, une fois cette étape fusionnelle passée nous avons l'impression de recouvrer la vue : soudain, tout ce qui nous fascinait peut nous énerver voire nous excéder. Par exemple, nous avons été attirés par le côté créatif, bohème, et sans attache de notre partenaire, mais après le temps de la fascination nous le jugerons peu rigoureux et brouillon, lui reprocherons son manque d'engagement... Pourtant lui est le même ! Seul notre regard s'est transformé, et nous le condamnons aujourd'hui pour les mêmes qualités que nous louions hier... La projection, hier positive, est simplement devenue négative.

Mais si on en a conscience, la fin de l'étape fusionnelle peut être un moment propice à une véritable maturation affective du couple, et à la reconnaissance de notre part d'ombre : l'autre n'est plus cet être idéal qui nous protégeait de nous-mêmes. Dans ces moments-là une crise est fréquente, car l'autre peut mal supporter ce revirement d'attitude. Si nous éprouvons un amour mutuel profond, nous pouvons ensemble faire ce passage à une relation plus consciente. Ce réveil traduit un appel intérieur à un nouvel équilibre, dans lequel nous avons à corriger notre perception de l'autre pour l'accepter dans sa globalité, lui reconnaître ses qualités, ses valeurs et les parties de lui qui nous dérangent. Prendre du recul pour un temps s'avère parfois nécessaire pour désamorcer notre trop grande implication émotionnelle.

Prendre du recul pour un temps s'avère parfois nécessaire pour désamorcer notre trop grande implication émotionnelle.

Bien sûr, il reste aussi l'option de la séparation. C'est à nous de choisir. Il n'est pas forcément facile de lâcher ses projections, ni de reconnaître la vérité de notre ombre. Il convient donc de s'examiner avec sincérité pour comprendre si la séparation est liée à la fin de notre amour pour l'autre. Ou si la séparation est une fuite pour éviter d'être confronté à cette part de nous-mêmes qui nous effraie. Si c'est le cas, il est probable que nous cherchions à arranger la réalité en rejetant sur l'autre toutes les responsabilités... Or, mettre fin à une relation sans avoir compris ce qui s'était vraiment joué, ou sans faire un travail ultérieur pour le comprendre, c'est prendre le risque de répéter avec un autre partenaire le même style de scénario. Refuser le travail sur son ombre peut aussi faire tomber dans la déprime, la perte de confiance en soi et dans l'autre, l'épuisement, la culpabilisation…

L'amour est avant tout une disposition intérieure : il ne faut pas l'attendre, tout en étant totalement dans l'action, c'est-à-dire croire en soi et faire rayonner notre beauté intérieure.

Comment obtenir la relation désirée ?

- → Nous devons être conscients de qui nous sommes pour éviter de rendre l'autre responsable de notre bonheur ou de nos malheurs ;
- → Nous avons à donner ce que nous voulons recevoir. Si nous voulons de la tendresse, donnons-là, si nous voulons de l'écoute, donnons-la… !
- → Si la relation ne nous convient pas, c'est à nous de changer ;
- → Nous avons à ressentir profondément les qualités et les valeurs que nous voulons vivre : il s'agit de générer de l'amour vis-à-vis de soi-même, afin de faire vivre cette qualité à l'intérieur de soi ;
- → C'est à nous de créer la vision claire et précise de ce que nous voulons dans la relation : il faut agir dans le sens de ce que l'on attend de la vie, à commencer par se respecter et être bienveillant avec soi-même ;
- → Ce qui nous fascine comme ce que l'on déteste chez l'autre est notre miroir ;
- → Dès que nous sommes conscients de nous-mêmes, nous avons le choix ;
- → Considérons que l'autre nous permet de faire expérience de l'amour, il ne nous appartient pas ;
- → Focalisons-nous sur ses qualités et toute sa grandeur, car c'est cela qu'il nous offrira jour après jour…

Aujourd'hui, nous avons tous l'opportunité de créer une vie nouvelle pleine d'amour !

La projection est le jeu
le plus répandu dans
les relations.

Tout ce qui vous fait réagir
chez l'autre reflète une partie
de vous non consciente.

L'autre est votre
miroir parfait.

RECONNAITRE SA PART D'OMBRE

Lorsque nous réagissons excessivement à une remarque ou à une critique, cela peut indiquer que nous sommes en présence de notre ombre. L'autre, par ses paroles, par son comportement, a involontairement appuyé sur une zone cachée de notre identité. La virulence de notre ressenti montre à quel point on est bouleversé par cette découverte. Bien souvent, on renvoie à l'autre ses propos pour se débarrasser de ce dont on se sent affublé. Dans ces cas-là, notre réaction est à la mesure de ce qui a été dévoilé. L'excès de notre réaction contre l'autre montre que nous sommes bien aux prises d'une projection.

L'excès de notre réaction contre l'autre montre que nous sommes bien aux prises d'une projection.

L'ombre ne s'efface jamais totalement bien sûr, car il est impossible de mettre à jour l'intégralité de son inconscient. Mais en devenant toujours plus conscient de la force agissante de notre ombre et des dommages qu'elle peut occasionner, on récupère la maîtrise de son énergie. Donc un certain pouvoir intérieur, qui nous permet de ne plus être victime de nos zones d'ombre, ni de nos projections sur les autres ; ce qui nous permet de choisir des relations plus constructives.

Travaillez sur vos paradoxes

Choisissez une semaine pendant laquelle vous allez observer attentivement vos attitudes et vos réactions face à votre entourage, proche comme moins proche. Les relations anecdotiques chez un commerçant ou avec un passant dans la rue peuvent être elles aussi révélatrices.

Notez dans votre cahier ce à quoi vous avez réagi avec le plus de vivacité. Il est probable que ces éléments soient présents dans votre part d'ombre, et que vous refusiez de les voir chez vous, ou peut-être que tout simplement vous l'ignoriez. Pour progresser intérieurement, vous pouvez aussi vous demander, face au trait négatif d'une personne, ce qu'il révèle de votre besoin personnel. Par exemple, une personne que vous qualifiez d'irresponsable peut révéler votre besoin de liberté. Si vous réagissez face à un dominateur, c'est qu'il vous montre peut être votre besoin d'affirmation.

Cet exercice, dans lequel vous placez toute votre attention, vous aidera à mettre en évidence les facettes réprimées de votre réalité intérieure, et ainsi à renforcer la conscience de votre complexité.

L'autre est le miroir de nous-mêmes.
Ce que nous détestons comme ce qui nous fascine existe déjà en nous.
Voyons toute notre beauté intérieure à chaque instant.

DONNER À SON ENFANT UN AVENIR PLUS ÉPANOUISSANT

Croire que l'on pourrait donner à son enfant un contexte idéal qui lui éviterait la formation de son ombre, ce serait nier son individualité et son chemin d'âme, ainsi que les traits de caractère hérités de sa famille et l'empreinte de son milieu social : la présence de l'ombre est tout simplement inhérente à l'être humain… Il est également illusoire de chercher à devenir des parents parfaits, mais nous pouvons agir avec conscience, avec amour et avec le plus de pédagogie possible. Nous pouvons aussi nous éduquer grâce à la lecture de livres spécialisés, écouter des conférences sur le sujet, prendre l'avis de psychologues, etc. Tout cela peut nous donner des pistes pour l'aider à se construire une bonne estime de lui-même, lui donner confiance en lui et lui fournir les moyens d'adaptation au monde extérieur.

Croire que l'on pourrait donner à son enfant un contexte idéal qui lui éviterait la formation de son ombre, ce serait nier son individualité et son chemin d'âme.

Sa sensibilité et ses émotions devront être pris en compte quand il est troublé ou bouleversé. Il est indispensable d'être à son écoute, d'équilibrer le temps que nous passons avec lui, avec ses frères et sœurs, et que nous consacrons à nos activités extérieures. Une véritable organisation peut s'avérer nécessaire pour lui offrir notre présence nourrissante.

Nous devons aussi veiller à ce que nos comportements soient en adéquation avec nos paroles : l'enfant a besoin de cohérence quand il se réfère à des modèles, or ses parents sont généralement les premiers modèles et les plus proches dont il dispose. Dans un cadre structurant et encourageant, il peut faire l'apprentissage de la réussite, tout comme celui de l'acceptation de l'échec. C'est ici que nous pouvons le guider pour qu'il sache rebondir sans se sentir dévalorisé. Il fait alors l'expérience de la permission de penser, d'être et de faire par lui-même.

Du savoir-faire, il va pouvoir passer au savoir-être, afin de se sociabiliser et de trouver sa voie dans la communauté.

Dans le même temps, nous devons freiner certaines de ses pulsions instinctuelles, certaines tendances narcissiques, pour lui permettre d'intégrer des valeurs collectives. Du savoir-faire, il va pouvoir passer au savoir-être, afin de se sociabiliser et de trouver sa voie dans la communauté. A cette fin, nous pouvons l'aider à conquérir ses potentialités, tout en lui donnant un cadre structurant : c'est un équilibre à trouver, car l'enfant a besoin d'être canalisé sans pour autant être réprimé. Encore moins humilié…

C'est ici que nous, parents, avons besoin de cultiver une bonne connaissance de nous-mêmes. Par fatigue, stress, énervement, il arrive que nous blessions notre enfant avec des paroles qui dépassent nos pensées et deviennent, à la longue, dommageables. Les reconnaître pour rectifier le tir ou, si l'enfant est déjà grand, pour nous excuser de ce préjudice peut en atténuer les effets néfastes. Mais si nous nous laissons aller à l'expression d'un rejet, à la critique permanente envers notre enfant, à l'injonction d'être comme ceci ou comme cela, l'enfant n'aura pas d'autre choix que de cultiver son ombre avec d'autant plus de force : un enfant cherche à être aimé de ses parents, il va donc s'efforcer de refouler tout ce qui nous déplaît. Se faisant, il rejettera aussi tout ce qui pouvait être légitime en lui, comme par exemple certains talents qu'il pourrait exprimer s'il se sentait reconnu en tant que personne singulière. De la sorte, il inhibera ses pulsions et finira par les refouler tout à fait pour se soumettre à nos attentes. Ou, s'il a un caractère plus affirmé, il entrera dans la rébellion, qui finira par l'enfermer. En effet, il rejettera tout ce qui vient de nous, nos reproches comme ce que nous aurions pu lui transmettre de bon. Prisonnier d'une opposition systématique, il se prive ainsi de la richesse de son environnement en le rejetant en bloc. Il fabrique son ombre dans la révolte contre l'extérieur, donc contre lui-même.

Tout notre travail de parents consiste donc à apprendre à mieux nous connaître, à faire la lumière sur notre ombre, à prendre conscience de nos motivations. Cette voie nous permet d'accepter la responsabilité de notre influence sur lui, et de reconnaître la possibilité de nous réajuster à tout moment. Cette lucidité sur nous-mêmes permet aussi de voir notre enfant tel qu'il est réellement : un être à part entière et en devenir.

Tout notre travail de parents consiste donc à apprendre à mieux nous connaître, à faire la lumière sur notre ombre, à prendre conscience de nos motivations.

Pour aider à cette prise de conscience, il faut savoir que le système de la projection fonctionne beaucoup avec son enfant, qui nous renvoie à notre propre enfant intérieur. C'est-à-dire à la mémoire que l'on a gardée de notre enfance. Il se peut que nous la projetions sur lui, au risque de lui faire porter le poids de nos blessures passées non guéries. Mais si nous avons conscience du

Faites du mieux que vous
pouvez avec votre enfant,
sans chercher à être parfait.

Soyez conscients que votre
enfant peut refléter celui que
vous étiez autrefois.

La bonne mère, ou le
bon père, existent
pleinement en vous.

mécanisme, la relation avec nos enfants peut nous faire beaucoup grandir, car ils sont aussi notre miroir. Comprendre que tout ce que nous projetons sur lui nous aide à nous réapproprier notre propre ombre, à devenir un parent conscient.

Plus nous connaissons cet enfant qui vit en nous, plus nous avons la possibilité de modifier nos comportements d'adulte. Pour éviter de répéter les débordements que nos parents ont pu nous infliger autrefois, volontairement ou non. Une plus grande conscience de soi peut aider tout parent, éducateur ou professeur dans son rôle de guide. À chaque instant, nous pouvons veiller à faire preuve de lucidité avec nous-mêmes, pour réajuster notre manière de penser et d'agir.

Choisissez de cesser une relation de souffrance.
Créez des relations constructives et veillez au respect mutuel.
Focalisez votre attention sur vos qualités et celles des autres.

COMPRENDRE ET DÉCODER LES GESTES DU CORPS

Dans notre société, nous portons davantage d'attention au langage verbal, pourtant les études en Programmation Neuro Linguistique démontrent que seulement 7 % de la communication passe par les mots ; nos gestes, nos intonations de voix, nos mimiques, nos attitudes et nos postures corporelles confirment nos propos ou viennent au contraire les contredire à notre insu. Notre corps exprime symboliquement notre réalité interne.[12] D'ailleurs, notre langage verbal n'est pas assez vaste pour englober tous les niveaux de la communication ; il s'appuie sur des codes conventionnels et linguistiques qui portent des lacunes dès lors qu'il s'agit d'un vécu sensoriel, émotionnel. Ainsi, les mots nous manquent parfois pour dire ce qui se passe réellement en nous.

Ce que nous exprimons verbalement est donc comme sous-titré en permanence par toute notre gestuelle.

Ce que nous exprimons verbalement est donc comme sous-titré en permanence par toute notre gestuelle. Chaque mouvement a un sens propre, qui reflète ce que l'on pense et ce que l'on vit. On ne peut bien évidemment pas contrôler notre gestuelle, instantanée et inconsciente. En revanche, nous pouvons apprendre à en décoder les grandes lignes pour grandir en conscience et améliorer notre communication. Nous pouvons également intégrer quelques principes de base qui nous aideront à mieux comprendre l'autre, donc à faciliter nos échanges. Par l'observation de la gestuelle, la nôtre et celle d'autrui, nous pouvons aller plus loin dans la relation et la rendre plus sincère, comme éviter de dire « oui » tout en signifiant « non » en hochant de la tête, mais apprendre à oser formuler le non qui résonne en nous…

Lorsqu'un échange nous satisfait, nous nous ouvrons. Notre visage souriant et détendu traduit notre plaisir et notre intérêt à ce qui se passe. Nous avons tendance à

12. Voir à ce propos Joseph Messinger, *Le sens caché de vos gestes*, First Editions, 2002

nous pencher en avant, à faire un geste de la main ou du bras dans la direction de l'autre. De même, nous ressentons des sensations agréables dans le corps.

Si au contraire la conversation nous déplaît, nous aurons tendance à croiser les bras. Par ce geste de fermeture à l'échange et à l'autre, nous montrons notre désaccord, ou notre gêne. Par conséquence, lorsque nous repérons ce geste de repli chez un interlocuteur jusque là ouvert à l'échange, interrogeons-nous sur ce qui l'a soudain amené à cette fermeture : certaines de nos paroles ? Notre attitude ? Quelque chose de l'échange l'a dérangé, son geste nous offre l'opportunité de réajuster notre communication ou de mieux préciser nos propos. Si par contre notre interlocuteur était fermé dès le début de l'échange, cela peut être lié à une attitude d'introversion, de protection ou de défense qui ne concerne pas nécessairement la teneur de l'échange.

Ces études et recherches sur la communication offrent des bénéfices appréciables lorsque nous devons prendre la parole en public, que nous soyons médiateurs acteurs sociaux, chef de service, négociateurs, politiciens… Pour nous entraîner, nous pouvons nous amuser à observer la gestuelle des invités de certaines émissions télévisées en coupant le son : les hommes politiques, coachés de près par des professionnels de la communication, montrent souvent une maîtrise de leurs gestes, mais en certaines circonstances, ce qu'ils dissimulent se révèle involontairement.

Ces études et recherches sur la communication offrent des bénéfices appréciables lorsque nous devons prendre la parole en public, que nous soyons médiateurs acteurs sociaux, chef de service, négociateurs, politiciens…

DU « COUPLE INTÉRIEUR » AU COUPLE REEL

Pour compléter la vision que l'on a de soi, explorons le concept du couple intérieur, initié par Carl Gustav Jung dans le cadre de ses travaux sur les archétypes. Ce concept repose sur l'idée qu'en chacun de nous cohabitent deux personnages symboliques : le féminin et le masculin. Que nous soyons femme ou homme, nous portons tous ces deux polarités. Ils nous dotent de certaines qualités, ressources et attitudes, selon leurs développements respectifs et la place que nous leur accordons en nous. Certains stéréotypes d'autrefois ont en effet explosé ces dernières décennies et nous ne nous contentons plus forcément d'incarner la polarité de notre sexe physiologique, mais pouvons chercher à nous compléter pour parvenir à un plus juste équilibre.

Chacune des deux polarités recèle des ressources positives qui participent de notre évolution, mais aussi des traits négatifs qui se révèlent plutôt dans notre ego.

Chacune des deux polarités recèle des ressources positives qui participent de notre évolution, mais aussi des traits négatifs qui se révèlent plutôt dans notre ego. Ces derniers se produisent en certaines occasions et dévoilent ce fameux côté méconnu ou obscur, cette ombre qui mérite d'être portée à la lumière : chaque trait négatif contient en germe son inverse, le positif. Afin de nous éclairer sur ce point, voici un tableau récapitulatif de polarités féminines et masculines. Nous pouvons repérer celles qu'on estime ne pas posséder afin de nous donner l'opportunité de les développer dans le futur. Si vous pensez de telle ou telle qualité qu'elle est absente de votre identité, sachez qu'elle existe en vous, sur un plan invisible, probablement de manière latente, mais qu'à ce jour vous n'avez pas eu l'occasion ni l'opportunité de la développer. Si vous portez votre attention sur un aspect de vous, vous donnez la possibilité à votre conscience de trouver les moyens de l'acquérir, ou de la transmuter s'il s'agit d'un « défaut ».

Masculin Cerveau gauche	Féminin Cerveau droit
Intention de l'âme	
À développer : Concentration Analyse Maîtrise de soi Volonté Puissance juste Capacité d'action Esprit d'entreprise L'initiative... Masculin positif	À développer : Intuition Créativité Sensibilité Ouverture Amour, empathie Vacuité Connaissance Inspiration Observation... Féminin positif
Polarité associée à certains traits de la personnalité	
À transformer : Résistance aux changements Manipulation Rigidité Toute puissance Insensibilité Orgueil Obstination... Masculin négatif	À transformer : Illusion, évitement Sensiblerie excessive Paresse, laisser-aller Irresponsabilité Instabilité Désorganisation Comportement irrationnel... Féminin négatif

Dans cette présentation des polarités du cerveau, due à Annie Marquier, on trouve une lecture constructive des deux hémisphères du cerveau.

Dans cette présentation des polarités du cerveau, due à Annie Marquier, on trouve une lecture constructive des deux hémisphères du cerveau. Elle appelle « supérieures » les polarités situées en haut du schéma, les « intentions de l'âme » qu'elle appelle à développer, pour indiquer qu'elles sont liées au mental supérieur, qui vibre à une fréquence plus élevée que le mental dit « inférieur », lequel renvoie aux automatismes et au monde concret, et où on trouve les polarités associées à certains traits de la personnalité qui sont à transformer. Cela n'implique pas que l'un serait meilleur que l'autre (nous avons autant besoin du mental supérieur que du mental inférieur pour vivre !), mais renvoie simplement à une réalité vibratoire.

Voici ce qu'elle précise sur son approche : « en général, on fonctionne avec un hémisphère du cerveau plus qu'avec l'autre (droit ou gauche, dépendant de notre bagage passé provenant autant des parties déjà épanouies que des parties encore bloquées), et on a de la difficulté à réaliser l'intégration des deux. Il est bien connu, en effet, que les deux hémisphères physiques du cerveau sont le siège d'activités mentales de types différents. On a souvent opposé cerveau gauche rationnel et cerveau droit intuitif. Mais ce n'est pas si simple que cela. En fait, les deux hémisphères du cerveau sont l'expression du système mental global où la partie dite « inférieure », automatique non maîtrisée, comme la partie « supérieure », ouverte à l'énergie de l'âme », ont leur rôle et leur utilité propre. Elle écrit encore « Si l'on veut utiliser le mental supérieur pour accéder au pouvoir de l'âme, on devra développer les qualités supérieures, aussi bien celles du cerveau gauche que celles du cerveau droit. Souvent, les personnes en démarche ont acquis une bonne sensibilité (cerveau droit), mais sans le savoir sont limitées dans leur évolution par des qualités de cerveau gauche non développées. Le vrai développement spirituel inclut la totalité du fonctionnement du mental supérieur et non pas seulement l'aspect sensible et intuitif. »[13]

Je dirais, pour ma part, que la polarité négative contient des caractéristiques de la personnalité (ego) dans ce qu'elle a de plus limitatif et automatique : lorsque nous fonctionnons avec une conscience limitée à cette sphère cérébrale-ci, nous devenons prisonniers des mécanismes inconscients de notre scénario répétitif : résistance, rigidité, insensibilité, ou évitement, irresponsabilité, instabilité, etc. Tout le travail intérieur consiste donc à dissoudre ces programmations limitatives pour en récupérer l'énergie. La polarité positive, elle, est en lien avec le Soi, le chemin de vie qui cherche une expression dans le monde physique. Elle contient de multiples qualités à développer : créativité, amour, analyse, puissance juste, capacité d'action…

La polarité positive, elle, est en lien avec le Soi, le chemin de vie qui cherche une expression dans le monde physique. Elle contient de multiples qualités à développer : créativité, amour, analyse, puissance juste, capacité d'action…

À la lumière des polarités cérébrales, nous pouvons comparer notre mental négatif à un jardin, qui serait envahi de mauvaises herbes après avoir été laissé livré à

13. Annie Marquier, *La liberté d'être*, Editions universelles du Verseau, 2000, p. 499 - 501

lui-même et à la loi de la nature. Si nous souhaitons reprendre la maîtrise de ce jardin, y semer des graines de fleurs multicolores, de légumes savoureux et d'arbres qui donneront des fruits sucrés, nous devons commencer par le défricher des ronces piquantes, y enlever le lierre qui envahit et étouffent les arbres, puis préparer la terre, mettre de l'engrais pour, enfin, pouvoir semer les graines de notre choix. Puis, comme tout bon jardinier, nous prenons soin de nos cultures, les arrosons et les protégeons de tout ce qui leur est nuisible, car les jeunes pousses sont fragiles. Puis nous contemplons le jardin, en remerciant pour ce qui pousse.

De la même manière, notre « terre intérieure » a besoin d'être préparée, défrichée de nos pensées et de nos comportements négatifs, afin de faire la place aux graines de pensées positives sur lesquelles nous devrons, au début, veiller avec beaucoup d'attention. Les pensées positives, quand elles sont toutes nouvelles sont aussi fragiles que les jeunes pousses du jardinier et risquent d'être attaquées par notre part d'ombre d'hier, ou par la négativité des lieux et des personnes qui nous entourent. Une fois que nos pensées seront devenues bien établies dans le positif, elles pourront fructifier et ne seront plus affectées par l'environnement.

Les pensées positives, quand elles sont toutes nouvelles sont aussi fragiles que les jeunes pousses du jardinier

Développez votre cerveau gauche

La lecture et l'écriture sont de bons exercices pour développer vos capacités du cerveau gauche. Vous pouvez reprendre des études, suivre un cours dans un domaine qui vous intéresse, ou bien vous lancer dans une activité qui demande de la concentration et de la précision comme le bricolage, la construction... Les sports ou les arts martiaux qui demandent de la persévérance, de la maîtrise et de l'équilibre sont également très appréciables. Développer l'intelligence du cerveau gauche permet d'intégrer les énergies de concrétisation et de manifestation de nos aspirations dans la réalité matérielle.

Développez votre cerveau droit

Apprendre à exprimer et à gérer nos émotions est essentiel pour en réduire les débordements. Il existe de multiples approches de connaissance de soi qui favorisent le développement des facultés liées au cerveau droit : l'expression créatrice par la peinture, le dessin, le collage, l'argile, la danse ou la musique accroît certaines qualités bénéfiques à la manifestation de l'âme. Mais également la méditation, la pratique du yoga, du Qi Gong, du Tai-chi, etc.

3e partie

Pour enfin changer sa vie et attirer le meilleur

COMPRENDRE son scénario négatif, puis accepter de reconnaître les grandes lois de la vie, c'est bien, mais comment véritablement changer la sienne ? Il s'agit d'abord d'apprendre à choisir ses émotions, pour ensuite apprendre à attirer le meilleur…

Chapitre 10

Choisir ses émotions

Après avoir passé en revue nos scénarios négatifs de sabotage puis analysé les grandes lois de la vie, il s'agit de comprendre comment nous pouvons agir sur nos émotions. Contrairement à l'idée reçue selon laquelle nous n'avons d'autre choix que de subir nos émotions, nous pouvons bel et bien les choisir, comme nous le verrons ici. Ceci est d'autant plus important que leur potentiel est extraordinaire : les émotions sont à l'origine de toute création. Pour apprendre à les utiliser au mieux, commençons par repérer leur cheminement.

Contrairement à l'idée reçue selon laquelle nous n'avons d'autre choix que de subir nos émotions, nous pouvons bel et bien les choisir.

L'ÉMOTION MOTEUR DE L'ACTION

Lorsqu'elle surgit, une émotion nous informe tout d'abord sur la nature et le sens d'une situation vécue. Elle met donc en lien notre corps et notre esprit. Dans un second temps, l'émotion ainsi ressentie dans le corps engendre dans notre réalité une décision et un comportement à adopter. Soit pour maintenir notre intégrité physique (la peur nous fait fuir le danger), soit pour répondre à une stimulation vécue comme positive (l'attirance nous fait aborder une personne), soit encore pour faire le choix entre deux possibilités, alternative dans laquelle notre ressenti nous montre quelle voie est

Lorsqu'elle surgit, une émotion nous informe tout d'abord sur la nature et le sens d'une situation vécue.

Lorsque cela se passe d'une manière « écologique », c'est-à-dire dans le cadre d'une vision globale qui permet à notre action d'être saine à la fois pour soi et pour les autres, nous parlons d'émotion authentique.

la meilleure pour nous. Une émotion nous pousse donc à agir, ou à réagir. Lorsque cela se passe d'une manière « écologique », c'est-à-dire dans le cadre d'une vision globale qui permet à notre action d'être saine à la fois pour soi et pour les autres, nous parlons d'émotion authentique. Elle se manifeste brièvement, elle est absolument appropriée à la situation présente et elle permet la résolution d'un problème immédiat.

Associé au registre kinesthésique le mot « émotion » se compose du préfixe "é", qui implique l'intérieur vers l'extérieur, et de motion qui signifie mouvement. Nous allons explorer comment identifier ce mouvement qui provient de notre intérieur, pour comprendre son fonctionnement. Comment exprimer ce mouvement, cette émotion ? Comment la retourner pour l'éloigner, lorsqu'elle est négative ?

L'émotion est une réponse à un stimulus qui, à force d'avoir été vécu, s'est gravé dans notre inconscient d'où il engendre automatiquement des situations similaires. Ce stimulus peut être à l'origine de pensées qui, à la longue, finissent pas créer des croyances vivifiées par cette énergie de l'émotion, magnétiquement attirante. Les peurs sont souvent à l'origine de telles croyances : peur de ne pas y arriver, de ne pas être à la hauteur, de ne pas mériter ce que l'on désire… Nous pouvons facilement constater le pouvoir de création de l'émotion, face à de telles croyances négatives : le plus souvent, elles nous empêchent tout simplement d'agir ! Parmi les plus courantes, on retrouve la peur de ne pas trouver sa place dans la société (donc liée au métier) et de ne pas trouver sa place dans son intimité (liée à la rencontre amoureuse avec la bonne personne).

Habituellement, nous avons l'impression de ne pas pouvoir choisir ces émotions. On les croit plus fortes que nous, on a le sentiment qu'elles nous dépassent. Cela nous donne le sentiment d'impuissance face aux événements et aux personnes. Et il est vrai que lorsqu'elles ne sont pas contrôlées, nos émotions négatives nous conduisent à rencontrer ce que précisément on redoute le plus ! Elles exercent une force d'attraction particulièrement puissante sur notre entourage et contribuent, du fait de leur fréquence, à créer toutes sortes de situations concrètes au quotidien, comme nous le verrons un peu plus loin. Or, nous ne nous sentirions pas si démunis face aux émotions si nous étions conscients de ce qui se passe en nous : nous avons la capacité de les choisir, afin de faire vibrer en nous celles qui correspondent à ce que l'on attend de la vie. (Pour un développement plus approfondi de la gestion émotionnelle, vous pourrez vous reporter à mon ouvrage sur L'intelligence intuitive.[14])

Habituellement, nous avons l'impression de ne pas pouvoir choisir ses émotions. On les croit plus fortes que nous, on a le sentiment qu'elles nous dépassent.

Six émotions de base communes à toutes les civilisations ont été identifiées et sont généralement reconnues :

- La colère,
- La peur,
- La tristesse,
- Le dégoût,
- La surprise,
- La joie.

14. Vanessa Mielczareck, *L'intelligence intuitive*, Éditions Quintessence, 2003.

ÉMOTION, ADRENALINE ET CORTISOL : QUAND LA CHIMIE S'EN MELE

Les émotions se caractérisent par des mimiques et des expressions universelles qui n'ont rien à voir avec le discours verbal.

Les émotions se caractérisent par des mimiques et des expressions universelles qui n'ont rien à voir avec le discours verbal. Instinctives et pulsionnelles, elles déclenchent en nous des réactions physiologiques que, la plupart du temps, notre mental n'est pas à même de contrôler : elles sont gérées par notre système limbique, parfois nommé « cerveau des émotions ». Là où sont stockés souvenirs affectifs, sensations et réponses appropriées à des situations déjà rencontrées. Prendre conscience de nos émotions nous donne donc l'opportunité d'intégrer celles qui ont tendance à attirer toutes sortes de désagréments du fait de leur négativité et de leur répétitivité. A partir du moment où l'on comprend que personnes et situations sont des miroirs de nos propres émotions, nous pouvons en tirer les enseignements pour nous libérer du processus répétitif. Et entrer dans le processus de création de notre vie.

Le schéma ci-contre peut illustrer l'origine physiologique de nos comportements. Il est une représentation simplifiée du cerveau humain, tel que décrit par Laurence Baranski[15].

Le cerveau fabrique des neuropeptides nommées endorphines qui ont un impact sur notre état émotionnel : elles sont par exemple à l'origine de l'euphorie

15. Laurence Baranski, *Le manager éclairé*, Editions d'Organisation, 2001, p. 41 & 42

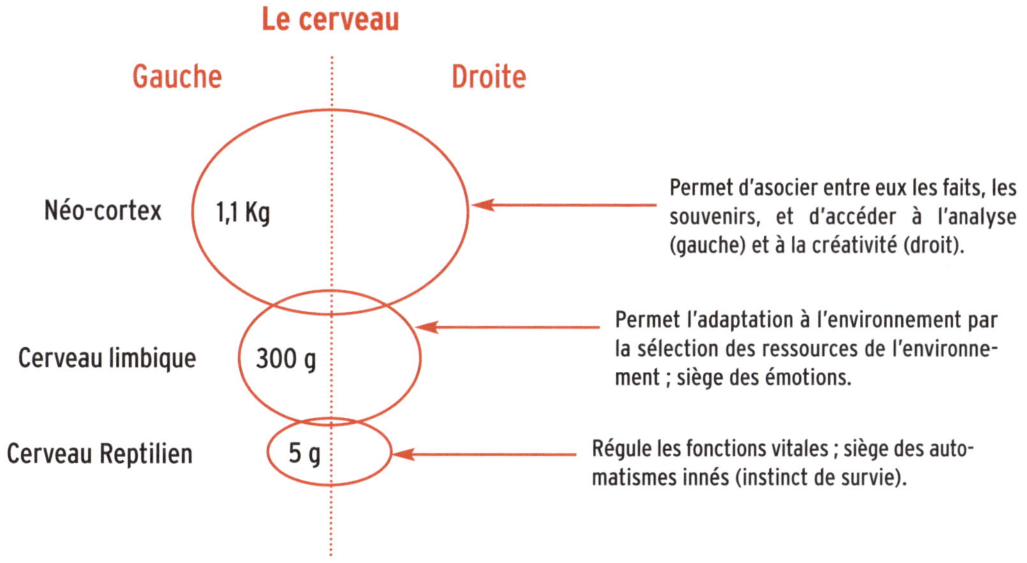

ressentie après un effort sportif. Les émotions que nous éprouvons sont donc aussi liées à un processus chimique, déclenché dans le cerveau par une situation. Le phénomène des émotions[16] est donc profondément physiologique, dans son origine comme dans son expression. Elles surgissent à la suite d'une modification de notre structure biochimique, et en retour génèrent des changements physiologiques : modification du rythme cardiaque, transpiration, essoufflement, changement des traits du visage... Si un événement extérieur déclenche une émotion forte, celle-ci peut aussi surgir rien qu'à l'idée de la situation, qui engendrera les mêmes réactions que si l'émotion était vécue : si vous avez la phobie des araignées, la seule image mentale d'une arai-

Le phénomène des émotions est donc profondément physiologique, dans son origine comme dans son expression.

16. Voir « *L'Empire caché de nos émotions* », Science et Vie Hors Série 232, Sept. 2005

gnée peut vous plonger dans un trouble, alors qu'il n'y a pas d'araignée dans votre réalité. Mais notre mémoire contient toute une foule de situations passées, avec les comportements ou les réactions que vous avez pu adopter. Des circonstances similaires appelleront les réponses stockées dans notre cerveau, qui réagira de manière toujours identique. Comme nous l'explique le chirurgien et psychothérapeute Thierry Janssen dans La solution intérieure, « Il est important de souligner que les mécanismes de la réponse au stress sont les mêmes quelle que soit la nature du stress en cause. Souci psychologique ou agression physique, peu importe, le corps réagit chaque fois par une sécrétion d'adrénaline et de cortisol. La « réponse au stress » constitue donc une preuve de l'existence de rapports étroits entre le corps et l'esprit. Elle est aussi, malheureusement, la voie par laquelle nos pensées et nos émotions négatives interviennent dans la genèse de nombreuses maladies. »[17]

La « réponse au stress » constitue donc une preuve de l'existence de rapports étroits entre le corps et l'esprit.

QUAND L'ÉMOTION BLOQUE L'ACCÈS A NOS POTENTIELS

L'instinct de survie généré par la peur permet à l'homme d'adopter un comportement approprié : fuite ou combat. Ces réactions instinctives proviennent du cerveau reptilien, le plus archaïque dans notre constitution. Sa fonction est la conservation de la vie humaine, il gère toutes les fonctions vitales. C'est lui qui

17. Thierry Janssen, *La solution intérieure*, Fayard, 2006, p. 70

nous fait instantanément adopter un acte pour protéger notre vie : bond en arrière ou arrêt brutal de notre marche face à une voiture qui déboule, réflexe du poing ou du coup de pied face à une agression… Ce genre de réaction, instinctive, prend sa source dans le cerveau reptilien, partie archaïque qui nous fait préssentir le danger avant même d'avoir toutes les données : nous pressentons qu'en traversant nous risquons d'être renversés.

Nous avons donc une immense connaissance issue à la fois de nos expériences et de l'inconscient collectif auquel nous sommes reliés. Une connaissance qui peut surgir à tout instant pour nous conseiller.

Nous avons donc une immense connaissance issue à la fois de nos expériences et de l'inconscient collectif auquel nous sommes reliés.

Le cerveau limbique gère donc les émotions et les souvenirs qui y sont associés, et en fonction de ces « données » intériorisées et mémorisées, il favorise réaction et adaptation à notre environnement.

Le néocortex, quant à lui, nous donne accès à l'intellect (hémisphère gauche), et à l'imagination (hémisphère droit). Grâce aux neurotransmetteurs, des informations circulent d'un hémisphère à l'autre. Ainsi, l'idée ou l'intuition surgit dans le cerveau droit, sous la forme d'images ou de ressentis, mais nous trouvons les moyens de la mettre en œuvre dans la réalité grâce aux aptitudes du cerveau gauche. Des passerelles s'établissent de la sorte afin de constituer notre « intelligence éclairée ».

Cependant le stress, la fatigue, la peur ou la colère agissent comme des filtres qui limitent nos capacités de réflexion et de perception. Ces émotions fortes peuvent ainsi nous empêcher d'accéder à notre pensée, mais aussi à notre intuition et aux coïncidences qui voudraient se produire. Aussi, il est préférable de ne pas prendre de grande décision lorsque nous sommes envahis par l'un de ces états. Même si cela ne fait pas partie de nos habitudes, nous avons tout intérêt à apprendre à écouter nos ressentis pour les relier à notre esprit. (Voir « Recentrez vous avec la respiration de la vague », p. 275)

Pour mieux gérer nos états internes, nous devons apprendre à reconnaître les émotions qui perturbent notre équilibre.

Pour mieux gérer nos états internes, nous devons apprendre à reconnaître les émotions qui perturbent notre équilibre. Repérer ainsi les facteurs de déséquilibre permet de les traiter : c'est l'objet des pages qui suivent. Naturellement, il n'est pas question de réprimer ses émotions, mais plutôt de pouvoir prendre contact avec elles, pour prendre la distance juste. Cela nous permettra d'avoir une lucidité pour les dompter et les retourner.

L'ÉMOTION, UN LIEN ENTRE LE CORPS ET L'ESPRIT

Dans son ouvrage, Thierry Janssen montre l'importance de la gestion des émotions dans le néocortex : l'hémisphère cérébral gauche est lié au fonctionnement du système parasympathique. Ce dernier favorise un relâchement des fonctions physiologiques, ce qui abaisse toutes sortes de tensions et déclenche un processus de réparation physique. L'hémisphère droit, quant à lui, influence surtout le système sympathique, celui qui au contraire active l'organisme en vue de la fuite ou du combat.[18] Celui-ci déclenche une certaine énergie propice à résoudre les difficultés, surtout si la personne a un état d'esprit positif. Il écrit ainsi : « Dans son laboratoire de neurosciences de l'université du Wisconsin, Richard Davidson a étudié le rôle des hémisphères dans la gestion des émotions. Pour ce faire il a présenté des images destinées à éveiller des émotions positives ou négatives à des sujets dont il enregistrait l'activité cérébrale au moyen d'électrodes placées sur le crâne. Lorsque les images provoquaient des émotions positives, l'hémisphère cérébral gauche s'activait. Au contraire. Lorsque les images entraînaient des émotions négatives et du stress, les enregistrements montraient une augmentation de l'activité cérébrale droite. En poursuivant leurs investigations, Davidson et son équipe ont constaté que les gens capables de minimiser les événements désagréables de leur vie quotidienne avaient une activité cérébrale prédominante à gauche, tandis que les personnes au tempérament triste ou dépressif présentaient une activité plus importante au niveau de l'hémisphère droit. »

L'émotion est donc une forme de communication qui relie le corps à l'esprit. Lorsqu'elle surgit, pour peu qu'on s'applique à l'observer sans être happé par elle, elle nous donne des informations sur ce que l'on est en train de

L'émotion est donc une forme de communication qui relie le corps à l'esprit.

18. Thierry Janssen, op. cit. p. 68

Rappelons que nous ne pouvons pas disposer d'un regard complètement objectif, car notre perception de la réalité se fonde sur nos émotions et nos expériences du passé.

vivre. Elle nous relie ainsi au monde extérieur, dans lequel elle libère une certaine énergie. Mais rappelons que nous ne pouvons pas disposer d'un regard complètement objectif, car notre perception de la réalité se fonde sur nos émotions et nos expériences du passé. Tant que l'on en a pas intégré les enseignements, on s'y réfère involontairement. Une fois que l'on a dépassé ces inscriptions, et que l'on a appris à ne plus être emporté par la puissance des émotions, on peut sortir de ces cycles connus. Du fait de la plasticité du cerveau, cette autre approche de notre réalité crée, comme l'écrit Thierry Janssen, de nouveaux circuits cérébraux : « L'immense réseau cérébral est le siège de remaniements constants. De nouvelles cellules sont engendrées ; certaines connexions, peu utilisées, tendent à disparaître, alors que d'autres, plus sollicitées se renforcent ; des circuits neuronaux sont activés ou désactivés selon les nécessités. Cette formidable plasticité du cerveau est à la base des mécanismes du conditionnement, de la mémoire et de l'apprentissage. On comprend donc que si une expérience laisse une trace dans notre système nerveux, nous ne sommes pas forcément condamnés à retomber dans son sillon.(…) Certains pièges du passé peuvent être désamorcés. Pour le plus grand bénéfice de notre santé. »[19]. Un pessimiste invétéré n'est donc pas condamné à passer le reste de sa vie à voir le mauvais côté des choses ! Il peut, s'il souhaite changer, modifier ses réactions et sortir de la répétition de son scénario négatif ! (Voir « Penser positif, c'est d'abord ressentir le positif », p. 157)

19. Thierry Janssen, op. cit. p. 91

SORTIR DES ÉMOTIONS NÉGATIVES POUR LÂCHER LA RÉPÉTITION

Sous l'influence d'une émotion négative, génératrice de sensations désagréables, le cycle des répétitions a tendance à se reproduire : la peur, la colère, engendrent davantage de peur et de colère, et attirent à nous les situations qui les stimulent en retour. Elles nous conduisent à nous projeter dans le futur avec le bagage des expériences passées, celles qui ont précisément conditionné ce réflexe qui nous enferme dans le même comportement. Pour en sortir, il convient d'apprendre à intégrer ces émotions en les transformant. (Voir plus loin, comment transformer sa colère en force d'action, sa peur en foi, sa tristesse en joie.)

Sous l'influence d'une émotion négative, génératrice de sensations désagréables, le cycle des répétitions a tendance à se répéter : la peur, la colère, engendrent davantage de peur et de colère.

Si au contraire notre émotion est positive, nous abordons la réalité avec un esprit ouvert qui nous permet de prendre des initiatives constructives, d'améliorer notre condition physique et d'attirer à nous personnes et situations qui nous aident à gagner davantage en conscience.

Pour repérer ses émotions, il convient de s'habituer à écouter ses perceptions corporelles car c'est par elles qu'elles se manifestent : pour aller vers le changement, commençons par utiliser notre corps, c'est un messager porteur d'informations très précieuses. Il nous dit où nous en sommes et nous guide sur la manière dont nous pouvons appréhender la réalité autour de nous. En outre, cela enrichit considérablement notre capacité intuitive. La « non gestion émotionnelle » consisterait à être happé par les émotions négatives, ce qui empêche une juste perception de la réalité : sous l'emprise de la colère ou de la peur, on n'est ni en phase avec la situation objective, ni avec nous-mêmes car ces émotions fortes créent un état de grande insécurité intérieure.

La « gestion émotionnelle » permet au contraire de disposer à tout moment de l'ensemble de ses moyens, physiques comme psychologiques. Elle donne une puissance de création dont l'instrument est la fluidité : il s'agit non seulement d'être attentif à ses sensations corporelles, mais aussi de ne pas les bloquer, pour demeurer dans l'accueil du mouvement. Dans cet esprit, il est primordial de ne pas nier notre émotion, toute négative soit-elle, mais d'accepter d'y faire face avec la volonté de la transformer. Par exemple, si on est sujet à la colère, il ne sert à rien de la nier ou de la refouler, il faut au contraire l'accepter et travailler à en inverser la polarité, pour faire de cette énergie une force d'action (Voir « Transformer la colère en force d'action », p. 231).

Il est primordial de ne pas nier notre émotion, toute négative soit-elle, mais d'accepter d'y faire face avec la volonté de la transformer.

Cette capacité à ne pas aller contre les choses, mais avec elles, dans une idée de co-création, est primordiale si l'on veut changer. Cela permet de développer, face à la réalité, une adaptabilité féconde et porteuse de créativité. On trouve cette énergie dans la sécurité intérieure qui permet de faire face aux événements dans un esprit coopératif. De cette sorte, on permet au système émotionnel de devenir un catalyseur positif.

Nous faisons l'expérience d'une telle gestion émotionnelle de temps à autre, quand nous donnons le meilleur de nous-mêmes et dépassons nos limites, sans trop nous poser de question sur la réussite de ce que l'on entreprend. Notre attention est toute entière concentrée sur l'action, dans cette présence exacerbée qui gomme toute notion de temps et d'espace : la conscience se confond à l'action avec laquelle elle forme un tout. La fluidité devient alors cet état de réussite, étroitement liée à la force de notre intention, d'où l'inquiétude, la difficulté ou l'ennui sont écartés. Cet état d'être mobilise toutes nos capacités. Notre énergie devient propice à la présence de l'intuition et de la clairvoyance, notre action est juste pour nous-mêmes et pour les autres.

La fluidité devient alors cet état de réussite, étroitement liée à la force de notre intention, d'où l'inquiétude, la difficulté ou l'ennui sont écartés.

La plupart d'entre nous avons besoin de travailler à une meilleure gestion émotionnelle. Enfant, nous avons tous plus ou moins dû rejeter nos émotions véritables, voire nous en couper totalement. Peut-être n'avions-nous pas le droit de nous mettre en colère, de pleurer face à l'injustice, d'être triste face à l'humiliation... Peut-être, par osmose avec notre environnement, nous laissions-nous envahir par les émotions de nos parents... Or, Thierry Janssen nous explique que l'hémisphère droit n'arrive pas à maturité avant l'âge de 2 ans : avant cet âge, nous avons donc baigné dans un monde d'émotions sans pouvoir les verbaliser. Nous ne pourrions pas non plus raisonner pour s'en distancier, afin de ne pas vivre en fusion avec l'extérieur. Nous avons donc commencé notre vie sans pouvoir verbaliser ce que l'on ressentait véritablement. Par peur de déranger, certains ont par la

Les émotions de l'enfance sont en effet réactualisées à l'âge adulte par des situations similaires : peur de l'abandon, de déplaire, de ne pas être aimé, d'échouer, etc.

suite appris à continuer à dissimuler leurs émotions qui, au fil du temps, ont pu s'accumuler et s'amalgamer à des situations non résolues, ce qui les renforce. Cet ensemble, qui constitue notre mémoire et notre intelligence émotionnelle, oriente notre perception de la réalité et du monde. Nous pouvons ainsi être encombrés d'un stock d'informations négatives du passé, qui nous emprisonnent dans des attitudes souvent inadéquates, reproduites involontairement dans notre scénario. Les émotions de l'enfance sont en effet réactualisées à l'âge adulte par des situations similaires : peur de l'abandon, de déplaire, de ne pas être aimé, d'échouer, etc.

Dans des situations qui, logiquement, ne devraient pas nous poser de problème, nous pouvons ainsi perdre nos moyens car une émotion trop envahissante nous déstabilise. Comme si notre enfant intérieur, souffrant, revenait à la surface d'un seul coup. Cela nous conduit à apporter au présent une réponse issue du passé : celle-ci est forcément disproportionnée, ou inadaptée, car quand le passé se superpose ainsi au présent nous ne vivons plus dans la réalité d'aujourd'hui.

Certaines personnes montrent en toute circonstance un visage impassible. Non parce qu'elles ne ressentent rien, bien au contraire, mais parce qu'elles ne permettent pas à leurs émotions de s'exprimer. Or, si elles sont systématiquement refoulées, les émotions alimentent une violence qui ne manquera pas de s'exprimer un jour ou l'autre dans la réalité. Parfois de manière brutale et disproportionnée, souvent incompréhensibles pour l'entourage car cette explosion sera davantage liée à un vase qui déborde qu'à une situation bien précise... D'autres, à l'inverse, ressentent si fortement leurs émotions qu'ils les expriment sans discernement, ce qui peut aussi compliquer les relations et les situations. Comme tout est vibration, les conséquences de cette expression non canalisée auront tendance à se manifester rapidement dans la réalité.

Comprendre l'impact de nos émotions permet d'être plus attentifs à les repérer. Pour commencer, habituons-nous à être à leur écoute, puis à évaluer leur degré de justification. Dès qu'une situation nous trouble ou nous perturbe, revenons à la conscience de nous-mêmes, en écoutant les sensations provoquées dans notre corps. Cela nous permet de ne pas nous laisser happer par le négatif, mais simplement de l'accepter pour le transformer.

Dès qu'une situation nous trouble ou nous perturbe, revenons à la conscience de nous-mêmes, en écoutant les sensations provoquées dans notre corps.

LES TROIS PRINCIPALES ATTITUDES ÉMOTIONNELLES

Vivre dans une gestion émotionnelle dynamisante

La gestion émotionnelle dynamique est le fait de personnes ayant conscience d'elles-mêmes, de ce qu'elles ressentent. Elles savent créer de bonnes relations affectives. Lorsqu'elles sont de mauvaise humeur ou en colère, elles savent l'exprimer et s'en défaire rapidement, sans ressasser ni projeter sur leurs proches. Plutôt de caractère optimiste, elles rebondissent après un échec et savent en tirer des leçons. Cette gestion émotionnelle favorise l'autonomie, l'esprit d'initiative, la proximité relationnelle et créer dans la vie de véritables coups de chance !

Se laisser submerger par les émotions

Souvent hypersensibles, certaines personnes ont l'impression de ne pas pouvoir se maîtriser.

Souvent hypersensibles, certaines personnes ont l'impression de ne pas pouvoir se maîtriser. La colère devient de la furie, la tristesse un véritable désespoir, la peur se mue en angoisse. Ne sachant pas mettre de limites, elles fusionnent avec l'extérieur et n'ont pas conscience de ce qui se passe en elles. D'humeur changeante, elles peuvent être imprévisibles. Elles ne connaissent pas la mesure : c'est tout ou rien. Dépendantes de leurs émotions, elles se laissent manipuler par elles, jusqu'à parfois s'y complaire. Elles émettent des vibrations en lien avec leur état intérieur, et vivent une réalité parfois chaotique.

Pour mettre un terme à cette emprise des émotions, il convient de remettre chaque chose en place : le passé, le présent, les émotions, les sentiments…

Pour mettre un terme à cette emprise des émotions, il convient de remettre chaque chose en place : le passé, le présent, les émotions, les sentiments… Mais aussi apprendre à mettre des limites, à dire « non » de manière appropriée et surtout à devenir plus lucide sur ce qui est vécu intérieurement. (Voir « Osez dire non à ce que vous ne voulez plus ! », p. 288)

Cette nouvelle perception aidera à trouver la distance juste avec ses émotions et avec la réalité. Un tel cadre bénéfique permettra de canaliser les émotions, afin de les rendre créatives plutôt que dévastatrices. Il donnera aussi l'opportunité d'exprimer toute la mesure de ses potentialités.

Être coupé des émotions quand l'intellect et la raison sont privilégiés.

A la suite de certaines circonstances personnelles, certains cherchent à éviter de ressentir toute émotion, tout sentiment. Ces personnes ont du mal à décrire ce qui se passe en elles car, consciemment, elles ne perçoivent pas grand-chose. Elles présentent une image froide ou impassible d'elles-mêmes, comme si rien ne les touchait. Cependant, les émotions bouillonnent en elles et elles ont tendance à somatiser. Elles attirent par ailleurs des expériences qui mettent à rude épreuve leurs capacités de contrôle.

Pour améliorer leur qualité de vie, ces personnes ont besoin de recréer un lien d'intimité avec leurs sensations et leur corps. Pour cela, elles doivent commencer par apprendre à mettre des mots sur ce qui se passe en elles, ce qui leur donnera le sentiment d'être plus vivantes. Et leur permettra de choisir les énergies dans lesquelles elles veulent évoluer.

Pour améliorer leur qualité de vie, ces personnes ont besoin de recréer un lien d'intimité avec leurs sensations et leur corps.

LES CROYANCES NÉGATIVES

Quand des émotions négatives se mélangent et s'associent à une situation douloureuse et ingérable, cela engendre des sentiments parasites. Ces derniers sont responsables de nos croyances négatives. Isabelle Filiozat expose dans L'Intelligence du cœur[20] ce qu'elle nomme une grammaire des émotions : la tristesse couplée avec la peur donne de l'anxiété, de l'inquiétude, de la déception… La colère et la peur peuvent créer de la jalousie, de la culpabilité, de la rancœur…

Voici une liste de sentiments, de polarités négatives et positives. Ce tableau vous permet de prendre conscience des vibrations que vous envoyez à chaque instant, lorsque vous éprouvez un sentiment, une humeur ou une émotion.

sentiments de polarité négative	sentiments de polarité positive
jalousie	confiance
envie	gratitude
culpabilité	compassion avec soi & les autres
déception	sérénité
obsession	distance juste
indifférence	amitié
frustration	satisfaction
détresse	enthousiasme
hostilité	sympathie
pitié	bienveillance
haine	amour
manque	abondance
…	…

20. Isabelle Filliozat, L'intelligence du cœur, J-C Lattès, 1997

Choisissez consciemment de cesser de valider des sentiments qui génèrent presque instantanément des fréquences négatives. Ce sont ceux de la colonne de gauche. A leur place, et parce que chaque polarité contient en germe son opposé, tentez peu à peu de vous diriger vers les sentiments de la colonne de droite. Même si dans un premier temps cela vous semble difficile de prendre du recul sur ce que vous ressentez, vous devez vous habituer à devenir de plus en plus conscient de ce qui se passe en vous. Ainsi, vous vous familiariserez avec votre partie de l'esprit qui est témoin et observateur, cette partie de vous donne de la lucidité. C'est cette partie de votre esprit qui vous permet de choisir entre vous laisser aller à l'émotion négative ou vous hisser vers celle qui est positive : dites-vous que vous avez le choix de valider ou non ce qui vous rend malheureux. Rappelez- vous que vous n'êtes pas obligé de subir cette palette de sentiments négatifs. Cessez d'entretenir la souffrance qui vous fait tourner en rond et éloignez vous de ce qui vous fait du mal. Chaque fois qu'une expérience désagréable vous est proposée, tirez-en des enseignements et, surtout, changez d'attitude mentale et de comportement. Cet état d'esprit est particulièrement fécond lorsqu'on veut reprendre son pouvoir sur le quotidien.

Ainsi, vous vous familiariserez avec votre partie de l'esprit qui est témoin et observateur, cette partie de vous donne de la lucidité.

Dans l'exercice qui suit, il s'agit de faire de la place à notre partie vulnérable et ombrageuse. Comme l'explique en effet Kishori Aird dans L'ADN démystifié, nos intentions sont efficaces si nous sommes attentif à rester présent à cette part de nous. Accueillir sa partie d'ombre et de vulnérabilité au lieu de l'éviter ou de la fuir, accepter de dialoguer avec elle, permet de désamorcer l'énergie du conflit intérieur. Cet état d'esprit influe sur notre corps, ce qui nous permet d'envisager une nouvelle réalité. En fait, nous incluons ainsi notre dualilé ou les paradoxes de notre humanité.

Pour intégrer cette acceptation, les mots comptent. Je vous propose ci-dessous un exercice selon le principe de Kishori Aird : « l'énoncé qui suit le *même si* exprime la vulnérabilité, le programme par défaut que nous souhaitons remplacer, tandis que le *je choisis* exprime le nouveau programme que nous souhaitons installer. Si vous adoptez cette formulation pour vos intentions, vous serez certain d'y inclure la dualité et de produire des intentions agissantes, avec des effets observables dans votre vie de tous les jours. Cette formulation est aussi à mon avis la seule façon de parvenir à s'aimer dans tout ce que l'on est. (...) Tout comme l'action d'un aimant réside dans le fait qu'il possède deux pôles, un positif et un négatif, l'efficacité de nos intentions ou commandes exige que nous y insérions les deux pôles de notre dualité, les deux aspect de l'équation. » [21]

21. *L'ADN démystifié*, Aird Kishori, Institut Kishori, 2004, p. 34 & 35

Prenez une nouvelle décision, « même si »

Pour vous habituer à penser autrement, commencez par accorder moins de place à la négativité quand elle vous vient à l'esprit. Voici une formulation pour entrer dans ce nouvel état d'esprit. Commencez par votre aspiration la plus profonde, de cette manière vous envoyez un nouveau message jusque dans votre inconscient. Votre intelligence émotionnelle va tout faire pour s'organiser et prendre cette nouvelle direction.

Ecrivez dans votre cahier votre nouvelle décision en incluant le négatif sur le modèle suivant.

La seule constante, ce sont les passages en italique. Le reste est à adapter à votre situation.

Une fois que vous avez rédigé cette déclaration, répétez les phrases à voix haute à trois reprises en étant attentifs aux nouvelles sensations générées par son impact dans le corps : vous vous apercevrez que ces phrases ont un impact quasi immédiat sur votre état intérieur.

Je choisis ____________________ *même si* ____________________

Par exemple :

→ *Je choisis* (de vivre en confiance) *même si* (j'ai des doutes).

→ *Je choisis* (de vivre en parfaite sécurité), *même si* (je ressens la peur de manquer).

Si la croyance et l'émotion sont très fortes, si on se sent dans une sorte de marasme, on peut aussi commencer par le négatif :

→ *Même si* (je doute de moi) *je choisis maintenant* (de vivre pleinement).

→ *Même si* (je ne crois pas en moi) *je m'accepte et me respecte infiniment.*

Passez en revue tous les sentiments qui vous dérangent, et inversez-en la polarité. Vous amoindrissez ainsi votre boule de souffrance.

Puis prenez quelques minutes pour imaginer et visualiser dans les détails ce que cette affirmation va créer concrètement dans votre vie. Sentez le bonheur de vivre cela.

Pour vous aider à mieux comprendre la complexité et l'impact des émotions sur votre vie, vous trouverez dans les trois prochains chapitres un exposé sur la colère, la peur et la tristesse qui sont source des plus grandes difficultés que l'on est amené à vivre.

Chapitre 11

Transformer la colère en force d'action

A LA SOURCE de la colère réside une très grande énergie : si elle est utilisée correctement, cette énergie peut libérer et accentuer notre pouvoir créateur. Voyez le tableau ci-dessous, il indique l'équilibre et les différents groupes d'attitudes que nous adoptons, inconsciemment le plus souvent, lorsque nous sommes face à la colère.

A la source de la colère réside une très grande énergie.

QUE FAITES-VOUS DE VOTRE COLÈRE ?

Colère inhibée	gestion positive : transformation de l'énergie de la colère	colère exprimée en excès
résignation	↓	despotisme
mélancolie	courage	autoritarisme
passivité	volonté	jugement
soumission	esprit d'entreprise	irritation
paresse	puissance	agressivité
laxisme	Juste autorité	irresponsabilité
lâcheté	↓	emportement

→ Dans la colonne de gauche, vous trouvez les attitudes ou les comportements qui découlent d'une colère refoulée, inhibée. Au lieu de l'extérioriser, la personne retourne l'énergie contre elle-même. Les raisons peuvent en être nombreuses : peur du conflit, manque de confiance en soi, qui en fait cache souvent la peur de sa propre puissance, etc. Cette inhibition de la colère génère un état d'esprit plutôt pessimiste qui accentue le coté victime. La personne a tendance à rendre responsable son entourage de ce qui lui arrive.

Si l'affirmation de soi est défaillante, la personne a tendance à être sur le qui-vive et a l'impression d'être attaquée ou fréquemment menacée.

→ La colonne de droite liste les attitudes et les comportements occasionnés par un excès de colère, une non maîtrise de l'émotion initiale. Les raisons sont ici aussi variées : peur de ne pas être à la hauteur, sentiment d'impuissance, de dépendance, besoin de contrôle, etc. Si l'affirmation de soi est défaillante, la personne a tendance à être sur le qui-vive et a l'impression d'être attaquée ou fréquemment menacée. Parce qu'elle est sur la défensive, elle a tendance à attirer toute sorte de conflits.

→ Au milieu, sont présentées les qualités qui s'acquièrent dans la maîtrise et la juste canalisation du mouvement de colère : celle-ci peut être transformée, et son énergie récupérée pour être utilisée de manière constructive, pour soi et pour les autres. En nous habituant à ressentir l'émotion surgir en nous, en devenant immédiatement lucide sur ce qui se passe et en ne cédant ni à l'inhibition ni à l'excès de colère, nous avons l'opportunité de mûrir émotionnellement. Prendre ainsi conscience du déroulement du scénario « en direct » nous donne la lucidité et donc le choix d'agir autrement. A cet instant, nous sortons de la spirale des réactions habituelles et commençons à nous libérer de l'empreinte du scénario négatif. Cette maturité est liée à nos prises de conscience et aux nouveaux comportements que l'on est amené à inventer. Dans cette pacification intérieure, nous pouvons trouver la force et le courage, tout comme l'état d'esprit propice à stimuler notre aptitude au bonheur.

Symboliquement, la colère est associée au feu. Notre vocabulaire est d'ailleurs révélateur : nous disons par exemple qu'un tel s'est enflammé, qu'il a explosé... Ce qui représente, en effet, une mauvaise utilisation de l'énergie du feu. Les personnes habituées à méditer, à pratiquer des visualisations, peuvent travailler cet élément-là afin de l'équilibrer en elles. Cela permet d'en vivre le côté dynamisant. En cas d'excès de « feu », nous pouvons demander à notre énergie créative de trouver un moyen de le canaliser, pour l'exploiter de manière constructive. Les personnes qui ne pratiquent jamais de technique de retour à elles-mêmes peuvent envisager un travail de ce côté-là, afin de prendre une plus juste mesure de l'énergie intérieure liée à la colère.

Symboliquement, la colère est associée au feu. Notre vocabulaire est d'ailleurs révélateur : nous disons par exemple qu'un tel s'est enflammé, qu'il a explosé...

Mais certaines colères sont authentiques, c'est à dire qu'elles ne sont pas des réactions, mais sont une action appropriée dans une situation précise. Une telle colère permet la résolution d'un problème, immédiatement et sans causer de désagrément à qui que ce soit. Il arrive par exemple que quelqu'un ne comprenne pas d'autre langage que la colère, et qu'il faille ponctuellement l'utiliser pour l'aider, comme un enfant qui s'approche près du feu… Mais même quand il faut parler d'une voix forte pour se faire entendre, et faire preuve d'autorité, cela ne signifie jamais qu'intérieurement il faille se laisser déborder par la colère. L'idée est bien toujours de parvenir à la dompter.

Mais même quand il faut parler d'une voix forte pour se faire entendre, et faire preuve d'autorité, cela ne signifie jamais qu'intérieurement il faille se laisser déborder par la colère.

DOMPTER LE VOLCAN

La colère excessive se renforce quand on la libère. On a parfois le sentiment qu'une personne colérique prend plaisir à entrer dans la manifestation hystérique de sa colère : cela est lié au fait que pendant que la colère s'exprime, la personne éprouve une décharge énergétique qui lui donne un sentiment apparent de bien-être : celui-ci est lié à la poussée d'adrénaline que la colère a libérée dans l'organisme. Sur un plan biochimique, chaque émotion est en effet liée à une substance hormonale particulière : colère - adrénaline, dépression – cortisol, etc. Sous l'emprise de la colère, le flux d'énergie qui se libère modifie donc le métabolisme corporel et donne le sentiment d'être puissant, dominant, d'exister. Au fil du temps, plus on se laisse emporter par la colère, plus on creuse en soi le sillon de cette répétition qui ancre toujours plus profondément la même réaction et les mêmes comportements.[22] Lorsqu'on est aux prises de ce processus, la raison n'a pas de prise : la colère bloque l'accès au cognitif. Une partie de notre ombre se dévoile au cours de ces crises, car il n'y a plus de maîtrise adulte.

Pour évacuer en toute conscience cette émotion vous devez faire participer votre corps, votre respiration, votre état d'esprit. Seul ou accompagné, allez dans la nature et laissez libre court à votre colère, criez, hurlez, ou encore courrez avec l'intention de vous libérer. Chez vous, si le contexte le permet, tapez sur des coussins ou criez, dansez durant une demie heure voire une heure. Pratiquez un sport, un art martial, dépensez-vous ou trouvez votre mode d'expression par la peinture, l'écriture, utilisez votre créativité, pratiquez des techniques de respiration...

Vous pouvez trouver aussi d'autres manières de faire ce travail en repérant ce qui peut le plus vous aider à canaliser votre énergie. Quoi que vous fassiez, lorsque vous extériorisez la partie violente de la colère, ayez toujours l'intention d'intérioriser la dynamique de puissance qu'elle contient. Ceci afin de transformer la colère en force d'action. Vous devenez moins le jouet de votre négativité et des pulsions inconscientes qui se manifestent de temps à autre. Le fait d'apprendre à agir avec conscience va diminuer l'emprise de votre stress.

Quoi que vous fassiez, lorsque vous extériorisez la partie violente de la colère, ayez toujours l'intention d'intérioriser la dynamique de puissance qu'elle contient.

22. Isabelle Filliozat, L'intelligence du cœur, JC Lattès, 1997, p. 25

Peut-être aurez-vous besoin de muscler votre volonté pour établir ce qui peut vous sembler être une discipline. Choisissez ce qui est le plus efficace pour ne pas vous laisser submerger et manipuler par la colère. Ce travail est l'occasion d'un passage à une vie beaucoup plus consciente. Peu à peu, dans lequel vous récupérez toute cette énergie perdue dans la colère, et pouvez en disposer pour la conduite de vos projets.

Ces techniques ne permettent pas de résoudre le problème de fond, mais vous amènent à modifier votre comportement, afin d'agir concrètement sur ce qui pourrait être dommageable. Il nous arrive de regretter, après coup, ce que nous avons dit ou fait à une personne que nous aimons. Or, vous savez combien réparer une relation est difficile ! Au bout du compte, cette colère dans laquelle tout le monde est perdant cause destruction, peine, souffrance. La colère n'a rien à voir avec l'affirmation de soi et de son autorité. Elle permet simplement au colérique de remporter une victoire apparente.

Il nous arrive de regretter, après coup, ce que nous avons dit ou fait à une personne que nous aimons.

Connaître et repérer le déclencheur de sa colère permet de saisir à quel moment nous dérapons pour agresser l'autre, ou réagissons d'une façon trop virulente. La colère est en effet toujours une réponse à quelque chose qui nous a touché intérieurement, elle renvoie au processus de la projection. Pour sortir de la colère, on peut se faire aider par un professionnel de la relation d'aide. Dans certaines méthodes, elle est exprimée pour trouver sa résolution. En dehors de ce cadre bien défini et protecteur pour tous, par respect envers autrui, envers soi, et envers la planète, nous devons tout mettre en œuvre pour la canaliser et la transformer en force positive, génératrice d'actions constructives.

Dans son ouvrage intitulé Secrets des centenaires, Jean Pelissier[23] propose une technique simple pour faire face à un accès de colère : l'évacuer afin de réguler les organes responsables du dérèglement qui favorise les symptômes et la maladie de type yang selon la médecine chinoise. Il préconise des exercices respiratoires, des séances de relaxation ou la pratique du Qi Gong, afin de rééquilibrer l'organe foie ici mis en cause. En cas d'excès de colère, « Mordez vous les lèvres ; ensuite asseyez-vous sur une chaise et laissez vous aller contre le dossier ; puis faites deux ou trois respirations profondes par le ventre. Se mordre les lèvres a pour conséquence de provoquer un retour sur soi. S'asseoir et respirer par le ventre va faire redescendre le Qi, l'énergie qui est montée trop haut. C'est un excellent moyen d'éliminer la colère. »

Le besoin impérieux d'agir, contenu dans la colère, doit dans tous les cas être canalisé positivement. Réfléchissez à la manière dont vous pourriez exprimer les valeurs contenues dans les énergies comme le dynamisme, la puissance.

Le besoin impérieux d'agir, contenu dans la colère, doit dans tous les cas être canalisé positivement.

23. Jean Pelissier, Secrets des centenaires, Autoédition, 1995

Transformez votre colère excessive

- Avant que les choses n'aillent trop loin, il faut désamorcer la colère. Lorsque vous la sentez monter en vous, et avant qu'elle ne maîtrise totalement votre raison, votre langage, voire vos gestes, trouvez un moyen de vous apaiser ou de prendre du recul. Un bon moyen peut consister à vous détourner de l'objet de votre colère. Obligez-vous à centrer votre attention sur autre chose, regard ailleurs, prenez une grande inspiration et expirez lentement. En vous dissociant de la source d'explosion, vous devenez mieux à même d'évaluer la situation, pour avoir une action saine au lieu d'une réaction intempestive qui peut être lourde de conséquences ;
- Prenez conscience du processus et de ce mode de fonctionnement, afin d'agir sur eux. Ayez conscience de ce qui vous active ou vous excite. Vous constaterez que les mêmes causes sont récurrentes. Vous pourrez ainsi travailler sur les « blessures de votre ombre », ces nœuds non résolus en vous qui vous plongent souvent dans l'excès émotionnel ;
- Autres possibilités : sortez de la pièce pour créer une rupture temporaire avec la personne ou la situation en question. Mieux encore ! Allez marcher quelques minutes, mettez-vous en mouvement tout en levant votre regard sur l'environnement. Si vous êtes touché par la beauté, par un parc, par la nature…, vous générerez un peu de bien-être en vous, en vous ouvrant à ce qui est plaisant. La colère se dissout alors, car elle ne peut se maintenir dans le plaisir, dans la joie, dans le bien-être. Sachez simplement qu'elle s'auto stimule. Donc, trouvez ce qui est bon pour vous afin de recouvrir une lucidité, un équilibre ;
- Respirez. Laissez-vous de nouveau être dans le flux vivant du souffle, et concentrez-vous uniquement sur la vague de la respiration : ventre, estomac et poitrine. Consciemment et lentement, avec votre volonté, maîtrisez votre souffle. Imaginez qu'à chaque expiration, les énergies négatives se dissolvent.

COMMENT LA COLÈRE REFOULÉE CRÉE UNE VIOLENCE INTÉRIEURE

Censurer sa colère, c'est la retourner contre soi : à peine ressentie, elle est tout de suite refoulée. Son énergie est aussi forte que si on l'extériorisait, mais elle reste à l'intérieur où elle se fige, s'agglomère aux anciennes colères refoulées en soi et crée une grande tension intérieure. Notre capacité d'action s'en trouve complètement annulée, comme le montre la colonne de gauche du tableau : résignation, mélancolie, passivité, soumission… Cette colère refoulée est faite de non-dits, qui engendrent la somatisation corporelle, l'humeur morose voire dépressive. La personne nie ce qu'elle éprouve pour dissimuler ce qui ne va pas dans sa vie. L'inhibition est une forme de protection de soi, illusoire bien sûr parce qu'elle ne permet ni d'affronter ni d'exprimer la cause de la colère. En exprimant ces vibrations d'inhibition à l'extérieur, une personne qui refoule sa colère va avoir tendance à être confrontée à toutes sortes d'échecs et de frustrations. Ce qu'elle ne veut absolument pas dans sa vie a toutes les possibilités de se concrétiser : ce qu'elle vit sera la réponse exacte à ce qu'elle éprouve intérieurement.

En refoulant sa colère on fait comme si tout allait bien. C'est un mécanisme de défense par le déni. Par exemple, dans un couple, si l'un des deux partenaires adopte l'attitude du non-dit, il ravale sa colère et sa désapprobation. Il cherche ainsi à éviter un conflit voire une querelle, par crainte de l'affrontement et des cris.

C'est un mécanisme de défense par le déni.

Mais par le non-dit, nous sacrifions notre vérité. Or, taire ses sentiments c'est aussi tromper l'autre sur qui nous sommes. Nous lui montrons un visage acceptable pour, espérons-nous, avoir la paix ou continuer à être aimé. Une telle relation ne peut être sincère et, à long terme, nous risquons de somatiser et de déclencher des maladies graves pouvant toucher la gorge, l'estomac, les intestins, la colonne vertébrale, le sang... Inconsciemment, nous pouvons aussi nous couper de notre désir sexuel pour frustrer son partenaire et lui faire comprendre notre colère sans avoir à la dire...

Une colère ainsi inhibée se retourne sur le couple et sur la relation intime : lorsque des sentiments sont déviés, il devient difficile de comprendre les comportements de chacun, sinon par un travail sur soi. Si nous ne faisons rien de cette énergie de colère, elle œuvre malgré nous : à l'origine, elle est une pulsion d'agressivité qui nous sert à vivifier et dynamiser notre vie. En la refoulant, nous ne faisons que la dévier de son cours naturel et retournons sa capacité de nuisance en nous-mêmes...

Si nous ne faisons rien de cette énergie de colère, elle œuvre malgré nous : à l'origine, elle est une pulsion d'agressivité qui nous sert à vivifier et dynamiser notre vie.

Si les relations sont complexes entre les personnes, c'est que la plupart d'entre elles ne sont pas conscientes d'elles-mêmes, de ce qu'elles projettent sur autrui, et de ce qu'elles déclenchent chez l'autre. Comme vous l'avez compris, c'est notre manière de vivre les choses, ainsi que notre perception de la réalité qui nous conduit là où nous en sommes aujourd'hui. Pour que l'autre cesse d'être un « pion » dans notre histoire, nous devons prendre les choses en main en faisant la lumière sur nos comportements.

Si vous vous reconnaissez dans cette colonne de gauche, vous devez prendre en main votre santé physique et psychique. Vous avez très certainement des décisions à prendre. Trouvez en vous le courage d'être vous et de vivre votre vie. Un maître mot pour vous aider : OSER. Habituellement, vous surestimez l'autre et vous vous sous-estimez. Vous avez pris l'habitude de vous dévaloriser et de vous juger sévèrement… Demandez-vous vraiment si cela vaut la peine de poursuivre dans cette voie. Que cherchez-vous vraiment ?

Apprenez à ne plus inhiber votre colère

Repérez ce qui déclenche votre colère (situation, comportement, personne) ;

- → Dites ce que vous ressentez, en commençant par des petites choses pas trop chargées affectivement ;
- → Parlez de vous ;
- → Trouvez et cultivez la sécurité intérieure (par exemple, en évoquant un moment où vous vous sentiez en parfaite sécurité et souvenez-vous des sensations corporelles que vous éprouviez alors) ;
- → Rehaussez votre estime personnelle et valorisez l'image de vous ;
- → Acceptez-vous tel que vous êtes ;
- → Prenez le ferme engagement d'être honnête avec vous et avec l'autre, en lui exprimant votre ressenti même si ça ne lui fait pas plaisir ;
- → Apprenez à dédramatiser les situations ;
- → Pensez positif ;

- → Chaque fois que vous tentez de modifier votre attitude et que vous avez du mal à y arriver, dites-vous que vous êtes en évolution ;
- → Réapprenez à vous aimer ;
- → Et bien sûr, faites de l'exercice physique, pour vous mettre en mouvement ;
- → Pratiquez des exercices respiratoires. Retrouvez le "flux vivant" afin de vous ouvrir à la vie, aux projets...

Chapitre 12

Éliminer la peur et trouver la confiance

DEPUIS l'aube des temps, la peur réside dans l'homme et chez l'animal, menacés par d'innombrables dangers. Dans l'histoire de notre humanité, elle nous servait à anticiper un danger réel pour y faire face de manière cohérente. En lien avec notre instinct de conservation, la fonction de la peur est donc de préserver notre vie face à la menace immédiate.

Dans notre monde occidental, où de nombreux dangers primitifs ont été maîtrisés, la mémoire de la peur subsiste en se focalisant sur des dangers hypothétiques. Son énergie, si dense et magnétique, attire bien souvent l'objet de notre peur. Elle nous conduit aussi à envisager les situations de manière si menaçante que cela peut nous paralyser et nous empêche d'accéder à nos aspirations profondes. Sous l'emprise de la peur, nous vivons en effet dans une insécurité quasi-permanente. Nous parlons ici de la peur qui engendre anxiété, inquiétude et crainte, alors même que rien dans notre réalité objective du moment n'existe : notre peur est liée à l'idée que quelque chose pourrait éventuellement se produire. Une telle peur nous projette dans un futur aléatoire, nous pousse à imaginer les difficultés à venir : involontairement, nous risquons bien de les rencontrer en vertu de la loi de l'attraction ! Il nous faut revenir dans

Dans notre monde occidental, où de nombreux dangers primitifs ont été maîtrisés, la mémoire de la peur subsiste en se focalisant sur des dangers hypothétiques.

L'intuition et notre bon sens ont peu d'espace pour se manifester quand nous sommes sous l'emprise de cette énergie de peur…

la conscience du présent, remettre le passé à sa place derrière nous et cesser de projeter ce négatif pour demain. D'autant que l'intuition et notre bon sens ont peu d'espace pour se manifester quand nous sommes sous l'emprise de cette énergie de peur…

LA PEUR ET SES CONSÉQUENCES

Déni de peur	gestion positive : transformation de l'énergie de la peur	submergé par la peur
	↓	
mise en danger	prudence	terreur
irresponsabilité	dignité	soumission
insouciance	discernement	méfiance
impulsivité	responsabilité	paralysie
inconsciense	sécurité	phobie
	↓	

Regret et nostalgie peuvent se manifester, amplifiant ainsi notre mal-être.

La peur nous met au contact de l'idée du manque, qui accentue la perception de tout ce que l'on n'a pas ou de ce qu'on a perdu. Regret et nostalgie peuvent se manifester, amplifiant ainsi notre mal-être. Or, donner du pouvoir à l'idée de manque en augmente considérablement la sensation, car ce sur quoi nous nous focalisons est amplifié automatiquement, en nous et à l'extérieur. Dès que nous avons l'impression de constater ce manque dans tous les aspects de notre vie, cela nous dévalorise encore davantage, ainsi nous nourrissons cette culpabilité qui renforce considérablement le processus à la manière d'une spirale négative.

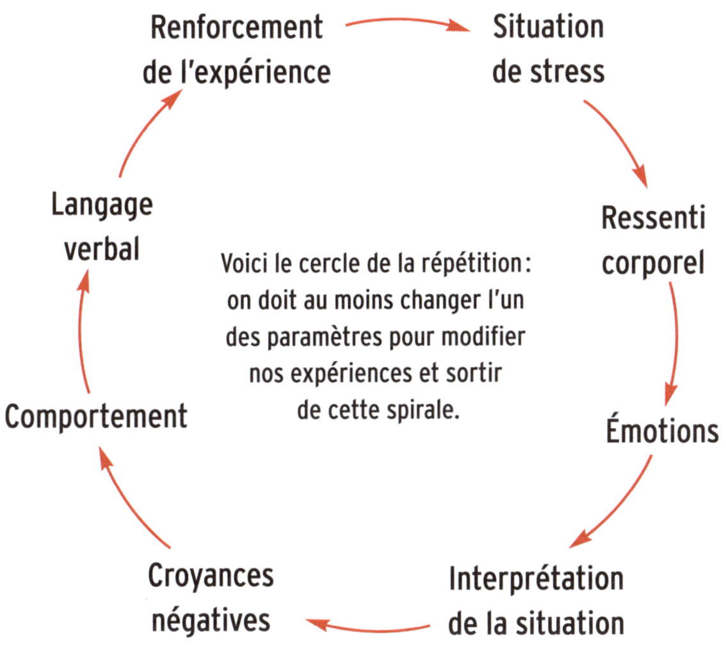

Autrement dit, depuis son statut premier de « sentinelle » qui prévient du danger, la peur a subi des transmutations au fil du temps. Déviée de son but primordial de survie, elle s'infiltre dans toutes les parties de notre identité et s'active à notre insu dans de multiples situations : bon nombre d'entre nous vivons dans une insécurité profondément ancrée. La peur nous manipule et notre société contemporaine se plaît à la manipuler (peur du terrorisme, du chômage, du manque...). C'est la peur qui se cache derrière la négativité et le pessimisme. C'est elle qui nous empêche de réaliser ce que l'on désire véritablement : elle nous convainc que nos problèmes n'ont pas de solution, que nous ne sommes pas intéressants, qu'on n'y arrivera jamais... A force de se répéter ces messages, on finit par les voir se manifester réellement. La peur nous coupe de nos potentialités et de l'espoir d'une vie meilleure, elle sape nos possibilités de changement.

La peur, ce peut aussi celle d'être touché. Pour ne plus souffrir, nous tentons parfois de nous protéger en nous refermant.

La peur, ce peut être aussi celle d'être touché. Pour ne plus souffrir, nous tentons parfois de nous protéger en nous refermant. Mais à vivre dans la crainte d'être ainsi touché par l'autre ou par la vie, nous sommes amenés à nous couper de notre cœur et de nos désirs. Par peur de la souffrance, nous échappons aussi à l'amour et à la félicité. Il faut apprendre à dépasser ses blessures d'amour, celles de l'enfant comme celles de l'adulte que nous sommes devenu, afin de ne pas priver notre cœur de sa liberté d'aimer...

Les couples « émotion-peur » et « mental-doute », fonctionnent à merveille pour nous gâcher la vie, et nous faire souffrir. Ne les laissons plus faire !

DE QUOI AVONS-NOUS PEUR AUJOURD'HUI ?

→ **Peur de souffrir**. Anticiper la souffrance, c'est déjà l'éprouver. C'est donc lui faire de la place en nous, et involontairement c'est se préparer à la vivre ;

→ **Peur d'être abandonné**. L'idée de la séparation est douloureuse, elle nous fait croire que nous ne méritons pas l'amour, nous convainc qu'un jour ou l'autre on sera quitté ;

→ **Peur d'être au chômage**. La perte d'emploi est une rupture avec la vie sociale. Ce passage est très mal vécu par ceux qui se sont investis corps et âme dans leur fonction. L'expérience du chômage engendre tout de suite l'idée du manque, financier comme relationnel. Pour qui a confondu sa fonction avec son identité, perdre son emploi équivaut à ne plus avoir d'identité ;

La perte d'emploi est une rupture avec la vie sociale. Ce passage est très mal vécu par ceux qui se sont investis corps et âme dans leur fonction.

→ **Peur d'être dominé ou agressé** par l'autre, considéré comme une menace. Peu sûr de nous, on se sent victime potentielle. Dès lors, on donne inconsciemment son pouvoir à l'autre ;

→ **Peur de ne pas être à la hauteur, peur des nouvelles rencontres**. Par manque de confiance, nous nous sentons inférieurs et pensons que les autres sont mieux que nous. Une comparaison est faite alors à notre détriment ;

Par manque de confiance, nous nous sentons inférieurs et pensons que les autres sont mieux que nous.

→ **Peur de l'inconnu**, que l'on charge de nos échecs passés. Au lieu de la « promesse de tous les possibles », nous imaginons le pire à venir et notre côté pessimiste prend le dessus ;

- → **Peur d'être critiqué**. Notre sentiment d'infériorité nous place en position de coupable. Autocritique et dévalorisation de nous-mêmes nous font croire que les autres nous adressent ces mêmes critiques que celles que nous nous infligeons ;

- → **Peur de dire ce que nous pensons vraiment**. Nous n'osons pas nous exprimer véritablement car nous recherchons l'approbation de nos proches. Inconsciemment, nous croyons que nous serons rejetés si nous ne faisons pas plaisir ;

Inconsciemment, nous croyons que nous serons rejetés si nous ne faisons pas plaisir.

- → **Peur de vivre notre puissance**. En restant dans l'idée que nous sommes victimes, nous ne nous sentons pas responsables de ce qui nous arrive. Nous restons ainsi fidèles à notre passé, aux patterns familiaux, aux croyances négatives.

Toutes ces peurs ne représentent que l'anticipation de ce qui pourrait arriver. Ce n'est pas encore la réalité si vous changez d'état d'esprit !

DÉPASSER LA PEUR POUR EXPRIMER LA CONFIANCE

Pour diminuer l'emprise de la peur, je vous suggère de vous focaliser jour après jour sur tout ce que vous avez déjà vécu de bon ou de plaisant dans votre vie, sur toutes les fois où vous vous êtes sentis fiers de vous et confiants. Comme vous le savez, votre perception des choses conditionne votre devenir. Elle l'organise jusque dans les moindres détails, c'est pourquoi nous avons tout intérêt à être conscients et attentifs à ce que nous vivons et surtout à ce que nous voulons voir se produire concrètement. D'une même situation, on peut tirer deux interprétations, l'une négative, l'autre positive, c'est-à-dire porteuse de possibilités. Attachez-vous à trouver des éléments qui retournent les situations négatives à votre avantage. Toute épreuve, tout échec peuvent en effet être porteurs d'enseignements, peuvent nous permettre de franchir des étapes dans notre croissance intérieure.

Attachez-vous à trouver des éléments qui retournent les situations négatives à votre avantage.

Rappelez-vous qu'on ne peut trouver les solutions si l'on reste dans le même état d'esprit qui a créé notre difficulté. Sinon, on tourne en rond. Pour faciliter cette perception de la réalité, posez-vous les questions ouvertes suivantes :

- Qu'est-ce que telle situation m'apprend sur moi-même ?
- Quel sens puis-je donner à ce que je vis ?
- Qu'ai-je à changer en moi ?
- Sur quelles qualités puis-je compter pour solutionner ou changer les choses ? Ressentez la présence de ces qualités en vous.
- Puis demandez-vous ce que vous voulez vraiment et imaginez cette situation réglée. Comment vous sentez-vous à ce moment-là ? Quelles émotions ou sentiments sont présents en vous ? Quelles qualités exprimez-vous ? Enfin, quel enseignement en tirez-vous afin de réagir autrement la prochaine fois ?

Lorsque qu'une peur vous rattrape alors même que vous avez travaillé sur vous et avez gagné en conscience, je vous suggère de la nommer autrement.

Lorsque qu'une peur vous rattrape alors même que vous avez travaillé sur vous et avez gagné en conscience, je vous suggère de la nommer autrement. Employez plutôt des mots comme « pétoche », « flippe », « trouille », « trac » : ils font davantage référence au mode adulte. Intellectualisée, l'émotion perd de sa virulence, alors que le mot « peur » renvoie au langage archaïque de l'enfance et à tous ses fantasmes. C'est ce qu'affirme le psychologue Joseph Messinger. Essayez et vous verrez !

Comment aider une personne qui a peur ?

→ Son besoin est de se sentir acceptée dans son émotion, aussi écoutez-la avec empathie, aidez-la à mettre des mots sur ce qu'elle ressent,

→ Faites-lui décrire son ressenti,

→ Dites-lui que vous la comprenez, en insistant sur ce point,

→ Demandez-lui avec un timbre de voix plus dynamique sur quelles ressources personnelles elle peut s'appuyer pour changer les choses,

→ Ensuite seulement, vous pouvez lui toucher la main ou mettre votre main dans son dos si c'est une personne proche,

→ Enfin, faites-lui imaginer la situation résolue, en gardant bien à l'esprit qu'elle a les solutions en elle,

Cette confiance que vous lui témoignez pourra l'aider à modifier son état.

Chapitre 13

Derrière la tristesse, la joie

La tristesse est une émotion impliquant un retour sur soi, temporaire et nécessaire dans le processus de deuil. Elle permet de ressentir la douleur causée par une perte, par un échec. On est alors en contact avec soi-même et en lien avec un sentiment authentique qui permet de se maintenir dans la réalité pour y faire face. Ce processus de deuil est une période permettant d'intégrer ce qui nous a conduit à éprouver de la tristesse.

LES ATTITUDES GÉNÉRÉES PAR LA TRISTESSE

Inhibition de la tristesse	gestion positive : transformation de l'énergie de la tristesse	tristesse exprimée en excès
froideur	↓	dépression
rigidité	sensibilité	apathie
orgueil	acceptation	« victimite »
cruauté	compassion	attentisme
indifférence	empathie	anéantissement
insensibilité	↓	abattement

→ En excès (colonne de droite), la tristesse devient dépression, abattement, renoncement de vivre sous les flots d'une souffrance mal reconnue et non intégrée. Si notre tristesse s'éternise, on ne peut pas franchir la 4ème étape du deuil. On peut même dans certains cas oublier la cause du mal-être, tant nous sommes dépassés et écrasés par la perte de tout intérêt, de tout désir. La tristesse est un passage nécessaire, et il faut accepter de la traverser. Mais si elle s'éternise, il convient de se faire aider par un thérapeute pour la dépasser.

La tristesse est une émotion naturelle et humaine : se couper d'elle, c'est refuser une partie de son humanité.

→ Si la tristesse est au contraire inhibée, ou refoulée, ou niée (colonne de gauche) on se sépare de soi et de ses ressentis, au risque de complètement se couper de sa sphère émotionnelle. La tristesse est une émotion naturelle et humaine : se couper d'elle, c'est refuser une partie de son humanité. La personne séparée de ce qu'elle ressent devient comme de la glace. Ses larmes sont gelées à l'intérieur, pour ne pas s'écouler en cascade, et c'est tout son monde intérieur qui se fige et s'empêche de connaître sa sensibilité, l'empathie, l'amour, la joie...

LE DEUIL ET SES ÉTAPES

Associée à une rupture avec notre cadre de vie ou nos liens affectifs, la tristesse se manifeste à la fin de quelque chose : deuil, perte d'un être cher. Eprouver et exprimer sa tristesse permet de laisser couler ses larmes, c'est un mouvement de l'âme pour dire “adieu” à celui que nous aimons. Notre cœur se serre à nous faire mal, jusqu'à parfois nous faire ressentir un véritable déchirement. Energétiquement, c'est en effet ce qui se passe : quand l'être aimé part, le lien se rompt. Accéder à notre tristesse nous amène plus aisément au détachement, à l'acceptation de ce qui est et de ce qui n'est plus. Intégrer la douleur par un passage à travers la tristesse nous conduit à la conscience du changement inéluctable auquel nous devons faire face. La mort et la perte font partie de la vie. Elles font partie des transitions qui font grandir notre âme.

Accéder à notre tristesse nous amène plus aisément au détachement, à l'acceptation de ce qui est et de ce qui n'est plus.

La tristesse nous permet de “digérer” toutes sortes de pertes. Elle est une étape nécessaire au deuil, mais elle permet aussi d'entrer dans un processus de guérison physique ou psychologique. Voici les cinq étapes du processus de deuil :

La tristesse nous permet de "digérer" toutes sortes de pertes.

1re étape : Le déni

La réalité est trop dure, trop brusque. Nous n'en voulons pas. Nous n'y croyons pas et la refusons totalement.

2e étape : La colère

Nous trouvons que c'est injuste, nous sommes dans une incompréhension qui nous pousse à la colère. Pourquoi cela nous arrive-t-il ?

3e étape : Le marchandage

Constatant que la colère ne change rien, nous passons au marchandage. C'est une négociation ultime que nous faisons, le plus souvent avec Dieu, vers lequel même les non-croyants se tournent alors parfois : la réalité est encore trop dure.

4e étape : La dépression

Nous avons épuisé les énergies du marchandage et sommes obligés de constater que rien n'a changé : la réalité est toujours la même. Il y a alors affaiblissement de notre énergie. Nous sommes vraiment face à la perte, dont nous commençons à éprouver le sentiment. Nous prenons conscience de la fin d'une époque de notre vie et réagissons à cette réalité par un abattement.

Après avoir traversé les trois étapes précédentes, puis vécu la dépression, nous parvenons lentement à l'acceptation qui va clore la période du deuil.

Après avoir traversé les trois étapes précédentes, puis vécu la dépression, nous parvenons lentement à l'acceptation qui va clore la période du deuil.

5e étape : L'acceptation

Le temps aidant à la guérison intérieure, la vie reprend le dessus. Nous pouvons intégrer la perte grâce à l'acceptation. Nous sortons du marasme de la dépression pour enfin retrouver un sens à notre existence et à l'épreuve que nous traversons. Nous voyons les choses différemment et, à nouveau, envisageons des projets.

Dans leur ensemble, ces étapes se vivent avec une force différente, en fonction de la perte : mort d'un proche, annonce d'une maladie grave, séparation affective, perte d'un emploi, faillite ou ruine, ou encore traumatismes comme viol, accident, etc.

Dans ce processus de deuil, il peut être nécessaire de se faire accompagner par un thérapeute. Le Dr Elisabeth Kübler Ross, auteur d'ouvrages sur l'accompagnement des mourants, a bien étudié ce processus du deuil, dont elle conçoit les étapes comme identiques à celles de la guérison.[24] Jacques Salomé, écrivain renomé et expert en relations humaines, explique que « faire le deuil d'un proche signifie se donner les moyens d'entreprendre trois principales démarches : reconnaître et dire les sentiments positifs ou d'amour que nous éprouvions pour la personne disparue, reconnaître et dire les sentiments négatifs que nous portions sur cette même personne, reconnaître et dire en quoi cette relation a été importante, difficile et stimulante, aliénante ou créative pour nous, à différentes époques de notre existence. »[25]

Barbara Ann Brennan[26], dans Guérir par la lumière, suggère quant à elle deux étapes (de guérison) supplémentaires : elle intitule une sixième étape « la naissance - l'aube d'une nouvelle lumière », dans laquelle nous découvrons notre nouvelle personnalité par la reconquête de la santé. Enfin, elle distingue une septième étape, la « création d'une nouvelle vie », ultime étape dans laquelle nous reconsidérons totalement notre vie et y réalisons des changements profonds. Nous retrouvons notre énergie créatrice, qui prend un nouveau sens dans notre existence : c'est la métamorphose.

24. Voir par exemple *La mort, dernière étape de la naissance*, Elisabeth Kübler Ross, Ed. du Rocher, 1985
25.Jacques Salomé, *Le courage d'être soi*, Le Relié 1999, Pocket, p. 106
26. Barbara Ann Brennan, *Guérir par la lumière*, Sand & Tchou, 1995, p. 119 -127

QUE FAIRE DE SA TRISTESSE ?

- Accepter de reconnaître sa tristesse : la nier lui donne encore plus de force ;
- Accepter de la lâcher : la retenir, c'est s'y complaire ;
- Voir du monde, aller à la rencontre des autres : l'isolement est une phase nécessaire au début, mais il faut savoir revenir au monde ;
- S'encourager à se distraire ;
- Participer à ce qu'on aime faire ;
- Décider de s'ouvrir, progressivement, par étapes et avec beaucoup de précautions, à la sensibilité, la compassion, l'empathie, pour transformer la douleur en éveil du cœur...

Eloignez-vous des émotions négatives

Voici maintenant un exercice souvent conseillé dans le travail sur soi : l'écriture. Dans les périodes de stress, difficiles à surmonter ou émotionnellement intenses, prenez un moment chaque jour pour écrire sur les événements que vous vivez: décrivez ce qui se passe mais, surtout, mettez des mots sur votre ressenti, tant émotionnel que corporel. Précisez le plus possible ce qui déclenche votre mal-être. Si vous ne vous sentez pas à l'aise dans l'écriture, vous pouvez aussi vous enregistrer. Une dizaine de minutes chaque jour peuvent être déjà bénéfiques.

Une fois par semaine, reprenez ce que vous avez exprimé et demandez vous ce que cela vous fait comprendre, ce que ces expériences révèlent de vous-même. Puis laissez émergez à votre conscience les nouveaux comportements à adopter, les nouvelles décisions et les actions à prendre.

Grâce à cet exercice, vous réinterprétez ce qui vous arrive pour lui donner plus de sens. Habituez-vous à donner du sens, à décrire en détail vos ressentis. Cet exercice vous permet d'activer le centre du langage du cerveau gauche avec le siège émotionnel. En intellectualisant les émotions négatives, elles perdent de leur virulence, deviennent moins fantasmagoriques. Cela réduit leur côté menaçant, envahissant. Ces instants d'intimité que vous vous accordez chaque jour agissent positivement sur votre santé, votre état d'esprit et, naturellement, sur les événements de votre vie.

Grâce à cet exercice, vous réinterprétez ce qui vous arrive pour lui donner plus de sens.

Cet exercice peut aussi vous faire expérimenter des moments de retour sur vous : une émotion à l'état brut crée des difficultés, mais chaque émotion, même douloureuse, contient en elle un germe de positif. C'est lui qu'il faut faire grandir en alchimisant l'émotion.

Le calme intérieur contribue une large part à l'expression de l'intuition. Voir « L'intuition pour canaliser la raison », p. 130. Lorsque nous vivons une perturbation émotionnelle, il nous est donc difficile de percevoir notre intuition, or nous en avons précisément besoin dans ces circonstances. L'écoute attentive et bienveillante d'un proche peut aider à surmonter le moment de douleur : pouvoir se montrer tels que nous sommes, parler franchement de ce qu'on ressent, nous apaise. Mais sur le long terme, cela ne suffit pas à trouver un véritable équilibre émotionnel, car c'est en soi qu'on doit trouver les ressources de sa stabilité. De nombreuses possibilités nous sont offertes pour apprendre à prendre

Lorsque nous vivons une perturbation émotionnelle, il nous est donc difficile de percevoir notre intuition, or nous en avons précisément besoin dans ces circonstances.

conscience de ce qui se passe en nous, depuis l'accompagnement en psychothérapie jusqu'à l'expression artistique, en passant par la méditation ou le yoga. Pour effectuer un tel travail personnel, il est important de choisir une technique en adéquation avec ses attentes (plutôt le corps ? la parole ? seul ? en groupe ?), et de bien se renseigner sur la personne qui va nous guider, quitte à en rencontrer plusieurs. Au début, il faut donc essayer pour savoir et pouvoir choisir. Mais une fois que l'on a fait un choix sur une approche dont on ressent qu'elle est faite pour nous libérer et non nous enfermer, il convient de s'engager à fond. En effet passer sa vie à essayer tout un tas de techniques sans jamais en approfondir une seule ne permet pas d'aller au bout de soi.

Parallèlement à un engagement sincère dans une technique particulière, certains outils peuvent parallèlement nous accompagner et nous soutenir dans les moments de difficulté : l'harmonisation par les fleurs du Dr Bach, l'homéopathie, etc. Et, en toute circonstance, une alimentation saine, et des exercices physiques seront bénéfiques...

Toutes les émotions sont des perles en puissance, utilisez-les à votre avantage.
Mettez de la lucidité sur les faits et prenez du recul.
Soyez le maître de vos émotions

CHOISIR LA JOIE ET ATTIRER LE MEILLEUR

Au terme de ce passage sur les émotions, vous comprenez que vous avez un réel pouvoir de choisir les émotions que vous voulez vivre. Gérer une émotion signifie l'identifier, la canaliser et la légitimer à sa juste place. De la sorte, nous pouvons entrer en cohérence et en adéquation avec nous-mêmes. L'émotion, qu'elle soit heureuse ou malheureuse, est un mouvement passager. Nous devons la laisser passer, tout en l'accompagnant dans son élan énergétique jusqu'à un accomplissement constructif. Nous devons apprendre à ne plus déverser nos émotions sur l'autre, ni nous en servir pour le blesser ou nous détruire. Tel est l'art de la maîtrise de soi, qui implique d'être profondément vrai.

L'émotion, qu'elle soit heureuse ou malheureuse, est un mouvement passager.

Grâce à un patient travail sur soi, on acquiert peu à peu les outils permettant de décider de vivre au cœur de l'émotion de la joie. Choisir la joie, c'est choisir une énergie pétillante. La joie ouvre notre cœur à plus de compassion, plus d'amour pour l'autre. En retour, elle attire à nous la compassion et l'amour. On peut dire que la joie est le souffle de l'âme, qui la vivifie pour nous rendre plus apte au bonheur. Voici les manières dont s'exprime la joie : Voyez les formes d'expression qui vous sont les plus naturelles et efforcez-vous de vous y installer, tout en développant les autres.

- La gratitude
- La félicité
- L'extase

- → L'humour
- → La générosité
- → L'ouverture
- → L'enthousiasme
- → Le dynamisme
- → L'entrain....

Celle-ci attire naturellement tout ce qui est en résonance avec sa fréquence.

Le jour où nous choisissons de vivre la joie, nous la rayonnons autour de nous. Celle-ci attire naturellement tout ce qui est en résonance avec sa fréquence. En vivant ainsi pleinement le mariage matière / esprit nous faisons l'expérience du succès, et parfois recevons au-delà de nos espérances. La joie révèle non seulement notre beauté intérieure et toute la profondeur de notre être, mais elle donne aussi du bonheur à ceux que l'on fréquente.

La joie nous rend profondément vivant et heureux, apprenons à lui faire de la place en nous...

Chapitre 14

Les 10 étapes de la création

APRÈS avoir compris quelle responsabilité vous pouviez prendre dans la conduite de votre vie, présente comme future, vous commencez à dépasser vos craintes. Les freins qui vous empêchaient de vivre selon vos aspirations profondes diminuent eux aussi. Vous arrivez aujourd'hui à un moment extraordinaire : celui de choisir votre vie, maintenant !

LES SOLUTIONS SONT EN VOUS !

Si vous vous êtes engagés dans un travail personnel, au fil des exercices et des pistes de réflexion proposées dans ces pages vous avez commencé à gagner une liberté de penser. Poursuivez ce travail de conscience, il vous permettra de récupérer peu à peu votre pouvoir créateur : votre nouvel état d'esprit, plus optimiste, influe sur les vibrations que vous envoyez autour de vous. Il est d'ailleurs fort possible que certaines situations de votre vie se soient déjà modifiées, sous l'influence de votre engagement à changer.

Il est d'ailleurs fort possible que certaines situations de votre vie se soient déjà modifiées, sous l'influence de votre engagement à changer.

À l'aide de ce dernier chapitre, vous allez définir précisément ce que vous voulez vivre, pour le mettre en place. Il vous suffit pour cela de suivre et d'appliquer la stratégie d'attraction que je vous présente maintenant.

Prenez le temps d'assimiler les 10 étapes essentielles à toute création. Parcourez-les lentement, car il est nécessaire de bien les intégrer. Au besoin, revenez-y plusieurs fois. Les exercices ont eux aussi leur importance, car le changement doit s'ancrer dans la réalité.

En commençant à contacter vos potentialités pour les exprimer, vous êtes devenu véritablement vous-même.

En commençant à contacter vos potentialités pour les exprimer, vous êtes devenu véritablement vous-même, c'est-à-dire une personne hors du commun. Chaque jour, cette conscience de vous s'accentue car vous avez compris un message fondamental : ce sur quoi vous focalisez votre attention, que ce soit le positif ou le négatif, augmente automatiquement.

Par vos pensées, vos croyances et votre ressenti, vous utilisiez hier votre pouvoir de créer sans le savoir. Vous avez aujourd'hui la possibilité de choisir ce qu'il y a de mieux en vous, d'accorder toute votre énergie au positif, pour aller vers une vie qui vous offrira le meilleur et rejaillira automatiquement sur votre entourage, proche et moins proche. Le jour où une personne se permet de vivre pleinement, elle dépose une énergie particulière partout où elle se rend, chez tous ceux qu'elle rencontre.

Commencez par prendre une nouvelle décision : celle de vous engager à changer votre vie. Cet engagement, vous le prenez vis-à-vis de vous-même. Il consiste à faire davantage de place en vous à ce que vous souhaitez vivre. Si vous souhaitez hisser votre vie vers le positif, l'engagement consiste à faire résonner en vous ce positif. Tout ce sur quoi on se focalise intérieurement donne des résultats dans la matière. Complétez cette déclaration de fidélité à vous-même, elle consiste à vous autoriser à vous donner le meilleur :

Aujourd'hui, moi ______________________________
(indiquez votre prénom) je m'engage à mettre tout en œuvre pour______________________________
(exprimez votre changement en quelques mots)

L'idée de ce changement réalisé me fait ressentir les émotions et sentiments positifs tels que :

____

____

____

Aujourd'hui, créez votre nouvelle vie

ETAPE 1 - CHOISISSEZ LES MOTS DE VOTRE NOUVELLE RÉALITÉ

Les mots que nous prononçons, écrivons, entendons et pensons créent une ambiance énergétique particulière d'abord en nous, puis cette énergie rejaillit tout autour de nous.

Les mots que nous prononçons, écrivons, entendons et pensons créent une ambiance énergétique particulière d'abord en nous, puis cette énergie rejaillit tout autour de nous.

Au-delà de leur signification linguistique, les mots sont chargés d'une vibration. Elle est spécifique à chacun : notre langage est en effet imprégné d'expériences, que chacun de nous a qualifiées de bonnes, ou de mauvaises. Un même mot peut donc provoquer des ambiances différentes dans notre corps et chez nos interlocuteurs. (Voir « Changer son regard pour changer sa vie », p. 144)

Dans notre communication ordinaire, il est essentiel d'éviter toute forme de négation : notre inconscient les prend difficilement en compte.

Dans notre communication ordinaire, il est essentiel d'éviter toute forme de négation : notre inconscient les prend difficilement en compte. Comme le précise Françoise Kourilsky-Belliard, « les formulations négatives sont en effet difficilement assimilables pour le cerveau et le système nerveux qui, contrairement au langage, n'intègre pas la négation. Dans le monde de l'expérience la négation ne peut exister. Comment en effet satisfaire un « non désir » ? Les injonctions négatives sont donc inappropriées pour le cerveau et le système nerveux, car nous ne pouvons intégrer une non expérience, un non objectif. L'expression négative d'un objectif constitue un obstacle majeur à sa réalisation, car comment se diriger vers un non objectif ? »[27]

De la même manière, quand je dis à un enfant « N'aies pas peur du loup », son inconscient entend en fait « Aies peur du loup » : la simple évocation du loup suggère au mental de l'enfant une image de l'objet de sa peur. Ce qui la renforce davantage... Vous pouvez le vérifier vous-même : si l'on vous dit « Ne pense pas un

27. Françoise Kourilsky-Belliard, *Du désir au plaisir de changer*, InterEditions, 1995, P. 17 & 136

éléphant bleu », vous avez automatiquement une image d'éléphant bleu qui surgit à votre esprit !

De la même manière, notre langage quotidien est empli de phrases de ce genre, formulées au négatif ce qui les conduit à générer l'effet inverse de ce que l'on espère chez notre interlocuteur, chez nous et dans notre réalité. Voici quelques exemples, vous pouvez compléter la liste par votre vécu personnel :

Formulation négative Vous disiez…		Formulation positive Dites désormais…
N'aie pas peur	→	Aie confiance
N'oublie pas de	→	Rappelle-toi
Ne sois pas en retard	→	Sois à l'heure
Ne fais pas de bruit	→	Reste en silence
N'hésite pas à me contacter	→	Contacte-moi quand tu veux
Je ne te dérange pas ? (au téléphone…)	→	Je peux te parler ?
Ça va pas mal	→	Ça va plutôt bien
Ne prends pas froid	→	Couvre-toi bien
…	→	…

Vous pouvez vous amuser à reformuler ainsi les phrases négatives qui maillent votre langage quotidien, phrases souvent réflexes que l'on prononce sans penser à leur sens profond.

Vous pouvez vous amuser à reformuler ainsi les phrases négatives qui maillent votre langage quotidien, phrases souvent réflexes que l'on prononce sans penser à leur sens profond. Il s'agit là d'une véritable gymnastique cérébrale.

En première partie de ce livre, nous avons exploré un scénario élaboré à partir d'un frein largement répandu, c'est le fameux « Oui, mais » du résistant (Voir « Le résistant », p. 54). Or, dans notre inconscient, là où s'enracinent nos mécanismes de répétition, le mot « mais » annule automatiquement ce qui vient d'être prononcé. « Oui je veux réussir cet entretien mais... », cela génère pour nos pensées inconscientes la possibilité de l'échec de l'entretien. Habituons-nous donc à le remplacer le « mais » par « et ». En nous disciplinant de la sorte, nous cessons d'accorder de l'énergie à ce qui nous déplaît. Voici d'autres mots freins : toujours, pas assez, trop, jamais. Focalisez-vous davantage sur ce que vous voulez de manière positive, en utilisant des mots qui vous dynamiseront.

Observez les mots et les émotions de l'échange

Pour mesurer la portée émotionnelle de votre langage, observez les réactions de votre interlocuteur quand vous lui parlez. Certains mots enthousiasment, gratifient, encouragent, valorisent, alors que d'autres dépriment, découragent, disqualifient, dévalorisent...[28] Si vous avez eu une conversation

28. Voir à ce propos le petit dictionnaire de Joseph et Caroline Messinger, *Les mots qui polluent, les mots qui guérissent*, Flammarion 2005

avec une personne, une fois que vous l'avez quittée, prenez quelques minutes pour observer votre état d'esprit. Vous sentez-vous dynamisé ? Vidé de votre énergie ? Enthousiaste ? Démoralisé ? Puis essayez de vous remémorer la teneur de votre échange. Que vous êtes-vous dits pendant cette conversation ? Quels sont les mots qui revenaient le plus souvent chez vous ? Chez votre interlocuteur ? Qu'avez-vous ressenti pendant l'échange ? Quelles postures corporelles avez-vous adopté ? Comment se tenait votre interlocuteur ?

Notez ces éléments dans votre carnet immédiatement après l'entretien.

En prenant conscience de la valeur émotionnelle de notre discours, nous nous donnons l'opportunité de créer davantage de satisfaction dans notre vie. Un tel exercice vous permettra de mesurer l'impact des mots, les vôtres et ceux de l'autre, sur votre réalité intérieure. Cela vous permettra aussi de prendre conscience que vous avez votre part de responsabilité dans l'échange : si vous quittez une personne en vous sentant « pompé », peut être l'autre était-il dans un état d'esprit négatif, mais il se peut aussi que vous ayez contribué à nourrir cette négativité par votre propre langage. Face à un interlocuteur négatif, il faut prendre garde de ne pas entrer dans le même état d'esprit, mais au contraire apporter du positif dans l'échange pour éviter de se laisser « happer » dans la spirale de la négativité. Au début, il est préférable d'écourter un échange dont on sent qu'il nous entraîne vers le négatif. Avec de l'entraînement, il deviendra possible de retourner cette énergie de l'échange : les échanges sont des interrelations, et dans ce travail de conscience il faut prendre la juste mesure de ces propres capacités.

Un tel exercice vous permettra de mesurer l'impact des mots, les vôtres et ceux de l'autre, sur votre réalité intérieure.

ETAPE 2 - CRÉEZ LA VISION DE CE QUE VOUS VOULEZ

Vous avez compris la valeur de la visualisation dans le processus de matérialisation : les personnes qui réussissent ont toutes une vision claire de leur objectif.

Vous êtes maintenant prêts à signifier précisément ce que vous voulez vivre. Vous avez compris la valeur de la visualisation dans le processus de matérialisation : les personnes qui réussissent ont toutes une vision claire de leur objectif. Celui-ci peut être très précis (tel travail, telle nouvelle maison, telle compagne ou tel compagnon…), mais votre objectif n'est pas forcément un objet si défini (vivre une relation affective plus harmonieuse, découvrir une activité professionnelle où vous vous épanouirez). Par ailleurs, l'objectif n'est pas toujours une destination finale, ce peut être un chemin. Par exemple, si votre objectif est de faire la lumière sur vos zones d'ombre pour mieux savoir qui vous êtes, afin de vivre au plus près de vous-même, vous ne savez pas encore jusqu'où cela vous conduira. Mais vous savez que vous voulez parcourir le chemin de la conscience de soi.

A présent, vous allez prendre le temps nécessaire pour écrire avec précision votre projet ou ce que vous aimeriez vivre pleinement. Pour cela, posez-vous les questions suivantes, elles préciseront votre désir et lui donneront tout son sens : Qu'est-ce que je désire profondément ? Qu'est-ce qui me rendrait enthousiaste et heureux ? Qu'aimerais-je voir arriver dans ma vie ? Si aujourd'hui je devais choisir un seul projet, où irait ma priorité ? Ne vous préoccupez pas des moyens de mise en œuvre : vous allez les découvrir au fur et à mesure, car l'engagement ferme que vous prenez vis-à-vis de vous-même attire à vous les moyens nécessaires à sa concrétisation. Après coup, vous réaliserez très certainement que vous n'auriez jamais pu avoir l'idée du processus le jour où vous avez écrit cette demande. Sur la question des moyens, laissez donc faire la vie...

En écrivant votre nouveau projet, vous utilisez toutes les aptitudes de votre imagination car comme nous l'avons vu, votre cerveau droit, celui du monde de l'expérience, ne fait pas la différence entre votre désir profond et la réalité. Tout ce qui est vécu intensément dans votre esprit et dans votre corps prend racine dans votre mémoire, comme si c'était vrai. En fait vous vivez déjà l'expérience de votre vision.

En écrivant votre nouveau projet, vous utilisez toutes les aptitudes de votre imagination car comme nous l'avons vu, votre cerveau droit, celui du monde de l'expérience, ne fait pas la différence entre votre désir profond et la réalité.

Vos énergies psychiques et émotionnelles vont s'organiser pour manifester votre visualisation, comprise et intégrée comme étant déjà une réalité. Voici les principes de base pour préparer votre visualisation avec succès:

- Ecrivez à la première personne, le « je » vous implique totalement ;
- Employez le présent, comme si c'était déjà réalisé. C'est un message que vous envoyez jusque dans votre inconscient, là où le temps n'existe pas ;
- Choisissez bien les mots, car ils participent activement à votre création. Ils sont porteurs d'une intention et d'une action à venir ;

Vérifiez si vous être profondément convaincu de la possibilité de votre projet.

→ Vérifiez si vous être profondément convaincu de la possibilité de votre projet. Si vous ne parvenez pas à y croire, choisissez pour commencer un projet moins élevé. Pour qu'il puisse advenir, vous devez y croire véritablement, votre projet doit donc être cohérent avec vos possibilités pour que vous puissiez vous y projeter ;

→ Rédigez la vie que vous voulez avec autant de détails que possible. Plus vous êtes précis, plus les choses deviennent réelles en vous et plus vous leur donnez des chances de se concrétiser ;

→ Prenez quelques minutes, au calme, pour vivre la visualisation en ressentant dans votre corps les sensations, les sentiments, les émotions qui découlent naturellement de cette réalisation. Eprouvez cela intensément : vous émettez dans ce moment la fréquence exacte qui, magnétiquement, va attirer les personnes et les situations désirées ;

→ Voyez, ressentez, entendez, goûtez et humez votre vie pleinement afin de stimuler l'ensemble de vos cinq sens. Remplissez-vous ainsi de votre vision, qui s'ancrera d'autant mieux dans une expérience multi sensorielle ;

→ Finissez ce travail en exprimant votre gratitude.

Pour intensifier et magnétiser encore davantage votre désir, vous pouvez aussi réaliser un collage. Choisissez des images symboliques qui représentent ce que vous voulez, car ce que vous avez imaginé existe déjà sur un certain plan. En réunissant des photos et des phrases que vous aurez découpées dans des magazines, cela prouvera à votre mental que c'est déjà réel. Soyez dans un état d'esprit ludique pour faire ce travail et trouvez le moment propice pour faire cela avec plaisir ! Je vous suggère ensuite d'accrocher votre œuvre dans un endroit où vous pourrez la regarder souvent, pour éprouver par avance la satisfaction profonde de ce qui se prépare.

Soyez dans un état d'esprit ludique pour faire ce travail et trouvez le moment propice pour faire cela avec plaisir !

→ Décidez, pour finir, d'une première action à réaliser pour rendre concret votre projet. Notez-la dans votre agenda à la date à laquelle vous allez l'entreprendre. Tenez-vous-y vraiment, car cette action est le signe de votre engagement envers vous-même et envers l'existence ; cette dernière permettra à votre intention d'entrer dans le plan matériel.

→ Si après un certain temps votre projet ne se concrétise pas, quelque chose de l'ordre de la répétition en bloque probablement la matérialisation. Pour l'élucider Voir « Comment sortir de la négativité ? », p. 169.

Vous avez un pouvoir immense.
Vivez l'idée que votre vision est en train de se produire.
Vous voulez de la reconnaissance ? ressentez-là et offrez-là, vous en recevrez en retour.

ETAPE 3 - ACCEPTEZ LE CHAOS, IL PROUVE QUE VOTRE VIE CHANGE.

Dès que vous bougez un élément dans votre vie matérielle ou dans votre intériorité, vous rompez un ordre établi, vous changez les repères, bref vous sortez de la réalité à laquelle vous et votre entourage étiez habitués. Même si ces changements sont tout à fait bénéfiques pour la mise en œuvre de votre bonheur, ils peuvent provoquer la montée de forces et d'émotions, positives ou négatives, parfois difficiles à canaliser. Cette étape transitoire étant un passage qui vous ouvre à une nouvelle réalité, votre esprit et votre corps peuvent s'en trouver malaxés.

Tout mouvement porte dans son essence l'opportunité d'une ouverture sur l'extérieur,

Ce pétrissage est nécessaire pour trouver les moyens d'exprimer de nouvelles potentialités. Tout mouvement porte dans son essence l'opportunité d'une ouverture sur l'extérieur, d'un réajustement et surtout d'une élévation de notre qualité vibratoire. C'est justement cette nouvelle énergie qui vous permet de pouvoir créer davantage ce à quoi vous aspirez profondément.

Accepter ce qui est

Certains souffrent de cet inconfort psychologique, émotionnel et matériel. Si c'est votre cas, acceptez simplement de vivre cet état sans réticence. N'essayez pas de contrôler quoi que ce soit, ni de résister ni de lutter contre le mouvement, vous ne feriez que donner plus d'ampleur au chaos. Acceptez simplement que c'est là une phase nécessaire, et qu'il vous faut la traverser pour aller vers le changement. La conscience un peu plus en éveil à chaque instant, embrassez le mouvement qui vous porte vers la vie qui vous correspond. Revenez le plus possible à l'attention de vos sensations. Si elles sont plutôt désagréables, laissez-les passer sans vous accrocher à elles. Ceci vous ramènera à la conscience de l'instant présent. C'est là que vous pourrez trouver un peu de paix, et surtout être au contact avec toutes vos facultés d'action et de réflexion.

Le présent est votre lieu de ressourcement. La confusion, l'insécurité et le doute surgissent avec force dès que vous projetez votre esprit dans un hypothétique futur dont, par définition, vous ignorez tout. Par votre incertitude, vous exprimez peut-être vos peurs. Il vous faut les apprivoiser pour éviter qu'elles ne produisent de résultat concret. Focalisez-vous sur l'idée que votre vie sera meilleure sur le plan psychologique et matériel, après le changement ! (Voir « Eliminer la peur et trouver la confiance », p. 243)

Le présent est votre lieu de ressourcement.

Le risque existe bien sûr dans toute démarche de changement. Aussi, croyez fermement que vous méritez une belle vie. En cultivant jour après jour la lucidité, vous entrez dans un champ de vastes possibilités où les meilleures chances sont de votre coté. De votre état d'esprit dépendent les résultats de vos desseins. Si vous acceptez d'affronter cette réalité du changement, parfois chaotique, vous gagnez en force intérieure.

Accepter, cela ne signifie pas que vous approuviez tout ce qui se passe ! (Voir « Goûtez au pouvoir de l'instant présent », p. 279)

Mais l'acceptation de la réalité est un premier pas nécessaire, car c'est la réalité que l'on souhaite changer. De plus, l'acceptation permet souvent de recevoir, en retour, bien au-delà de ce que l'on avait prévu.

Traverser le chaos tout en restant centré

Parfois, notre vie doit d'abord se désagréger pour pouvoir ensuite se recomposer.

Parfois, notre vie doit d'abord se désagréger pour pouvoir ensuite se recomposer. Cette période chaotique nous amène dans la conscience du vide, ce qui peut bien sûr nous effrayer, car nous avons tous tendance à nous accrocher au connu. Voici quelques suggestions pour chevaucher les forces du chaos et suivre le mouvement, au lieu de vous laisser aller à l'apathie, à la panique ou à tout autre excès émotionnel.

Dans une période tumultueuse, sachez prendre du recul pour être à même de contacter la partie témoin et lucide de votre esprit. Si la panique vous gagne, prenez chaque jour un temps pour vous, seul et au calme, l'idéal étant de vous retrouver ainsi avec vous-même le matin et le soir. Pratiquez la méditation (Voir Chapitre 1), cela vous aidera à savoir vous détendre, vous relaxer, à rester objectif et maître de vous-même en toute circonstance… Rester ainsi au contact de votre intériorité vous permet de vous sentir vivifié. Vous percevez le pouvoir du moment présent. A cette fin, vous pouvez aussi pratiquer la respiration de la vague. Enregistrez le texte qui suit ou apprenez ce travail et pratiquez-le régulièrement, il vous apaisera chaque fois que vous en ferez l'expérience.

Recentrez-vous avec la respiration de la vague

Enfilez une tenue souple. Installez-vous confortablement, en position assise ou couchée. Détendez votre corps.

Fermez les yeux. Relâchez les muscles de votre visage, puis desserrez les mâchoires... La nuque souple détendez vos épaules, vos bras, votre buste.

Observez la manière dont vous respirez naturellement, puis pénétrez dans la conscience de votre souffle, que vous amplifiez très légèrement. A l'inspiration, votre attention se porte sur votre ventre, que vous remplissez... Puis votre souffle remonte, en passant par le diaphragme pour emplir le thorax... Puis expirez dans un lâcher prise sans effort... L'inspiration reprend, sans temps de pause. Vous vivez dans votre corps un mouvement circulaire.

Inspire et expire se rejoignent, modifiant votre perception des choses. Votre esprit s'apaise et vos pensées se calment... Ressentez l'ouverture chaque fois que vous accueillez l'air et la libération chaque fois que vous videz vos poumons...

Un bien-être dynamisant vous fait contacter toutes les ressources dont vous avez besoin en ce moment...

Le calme et la détente s'installent davantage.

Sentez vous de plus en plus lucide et apte à vivre les situations à venir...

En fin de séance, reprenez une respiration naturelle, bougez, étirez-vous et sentez-vous présent dans tout votre corps physique, relié à votre intériorité et en même temps à votre réalité concrète.

ETAPE 4 – ACCUEILLEZ LE VIDE : IL EST UN PASSAGE VERS LE FUTUR

Cette phase du vide est nécessaire et naturelle, a sa raison d'être dans le processus d'un changement profond. Ne soyez donc pas étonné si elle se présente à vous. Je vous invite à vivre la présence du vide comme une opportunité. Le vide est un moment où nous avons les mains ouvertes, disposées à recevoir, alors qu'habituellement on s'accroche, poings serrés, à ce que l'on a déjà.

Prenez conscience que ce vide doit être l'endroit idéal pour réinventer votre vie : il est une opportunité pour modifier votre comportement. Le vide est un instant de lâcher prise où tout vous échappe provisoirement. Un dépouillement mental ou matériel, qui vous permet de vous rencontrer au plus intime de vous-même.

Le vide est un instant de lâcher prise où tout vous échappe provisoirement.

Ouvrez-vous à la nouveauté !

Embrassez la nouveauté, vous pourrez ensuite trier pour ne garder que ce qui vous convient réellement. Mais si vous laissez la peur de l'inconnu vous manipuler, vous aurez tendance à résister au mouvement qui s'opère en vous et tout autour de vous. Vous vous empêcheriez ainsi de tirer profit des enseignements que ne manquera pas de vous apporter ce passage par le vide. En sortant de votre zone de confort, vous vous ouvrez à une nouvelle dynamique de vie où les choses peuvent se produire à votre avantage.

Le vide peut être déclenché par un changement brusque, non désiré ou radical. La perte de point de repère nous donne l'impression d'avoir perdu contact avec nous-mêmes. En fait, c'est simplement notre réalité habituelle dont nous sommes séparés. Le vide nous fait prendre conscience d'un rythme ralenti auquel nous sommes peu habitué. Il peut être un moment propice pour réfléchir, réajuster ses véritables choix, ses priorités et ses valeurs et les faire coïncider avec son idée du bonheur. Ces moments sont précieux, apprenez à en profiter pour entendre votre petite voix intérieure et laisser émerger la poussée de cette force qui permet un retournement des énergies en vous.

Trouvez la plénitude en vous

Lorsque vous vous sentez dans une forme de « vide », observez votre état d'esprit et tournez-le en positif si besoin est. Vous avez l'impression de cultiver l'idée du manque ? Vous en avez peur ? Cette perception vient directement de l'état d'esprit victime, alors surtout ne la validez pas. Au contraire, voyez avec force et lucidité tout ce que vous avez dans votre vie, jusqu'au moindre détail... De cette manière, vous émettez la fréquence de plénitude, et vous comprenez à quel point ce vide est finalement plein. Eprouver cette fréquence vous amènera dans le champ magnétique des expériences d'abondance. A chaque instant, focalisez-vous sur tout ce que contient votre vie. En toute circonstance, choisissez d'implanter l'idée de grandes richesses. Elles se produiront automatiquement, car elles existent déjà en vous !

Donnez-vous du temps, ne vous précipitez pas pour remplir ce vide. Ne vous forcez pas à retrouver immédiatement un emploi si vous avez perdu le vôtre. Ne vous sentez pas obligé de nouer une nouvelle relation si vous venez de vous séparer. Le vide est un moment propice au surgissement du nouveau. C'est aussi un moment où votre désir profond a l'occasion d'émerger à votre conscience.

En fait il n'y a pas de vide.
Tout existe déjà en vous, reconnaissez-le.
Sentez-vous prêt à accueillir le meilleur.

ETAPE 5 - GOUTEZ AU POUVOIR DE L'INSTANT PRÉSENT

La perception de la réalité est conditionnée, comme nous l'avons déjà vu, par l'empreinte de notre vécu. Nous passons notre temps à penser à hier, à ce matin, à ce soir ou à demain. Sans nous en rendre compte, nous laissons en fait notre esprit se projeter en permanence dans le passé ou dans le futur. En définitive, nous sommes très rarement en train de vivre l'instant présent. Or, nous ne pouvons projeter dans notre devenir que ce que l'on pense, ressent ou fait avec toute la présence de notre attention. Si notre esprit se balade en permanence sur la ligne du temps, nous gaspillons inconsciemment notre pouvoir de création.[29]

Si au lieu de vivre l'instant nous laissons le passé et le futur s'y chevaucher, on ne peut pas véritablement changer ce qui est en train de se produire. En effet, quand nous ne sommes pas présent à l'instant que nous vivons, nous laissons nos programmes inconscients se manifester concrètement Cela nous rend insatisfait de nous-mêmes et de la vie. Lorsque nous prenons conscience que tout se mélange ainsi, revenons un instant au présent, pour sortir de l'imprégnation de ce que l'on ne veut pas.

Si au lieu de vivre l'instant nous laissons le passé et le futur s'y chevaucher, on ne peut pas véritablement changer ce qui est en train de se produire.

Reconnaissons alors toutes les qualités, tous les biens, de toutes la richesse humaine ou intérieure, toute la santé dont nous jouissons en ce moment même. Ayant fortement conscience de tout ce qui existe maintenant, nous en intensifions la matérialité. Cela focalise la perception de la réalité

29. Voir à ce propos Eckhart Tolle, Éditions Ariane, 2000.

comme on désire la voir s'amplifier. Ainsi, chaque fois que vous vivez une situation difficile, intensifiez votre présence à « l'ici et maintenant ». Observez vos pensées, votre ressenti, vos réactions, tout autant que la situation ou les personnes concernées par cela. Ne jugez, ni ne critiquez ce qui se manifeste. Soyez présent, attentif et gardez votre équanimité en toute circonstance, cela vous permettra de vivre pleinement l'instant. C'est en effet dans le présent, et uniquement dans le présent, que vous pouvez contacter votre puissance d'action et de transformation. Cette force présente en vous en chaque instant, mais vous ne pouvez y accéder qu'en vivant le moment présent. C'est notre regard et notre attention à cette puissance intérieure qui en fait un instrument de changement.

C'est en effet dans le présent, et uniquement dans le présent, que vous pouvez contacter votre puissance d'action et de transformation.

La profondeur de l'instant présent

L'instant présent n'est pas quelque chose de statique. Il a au contraire une profondeur qui dépend de l'ampleur qu'on lui donne, c'est-à-dire de l'espace qu'on lui fait en soi. Cet instant présent, quand on y est pleinement attentif, est un instrument dont on peut se servir pour créer.

Cette attention à l'instant présent est tellement peu habituelle à l'être humain qu'elle demande de l'entraînement et de la pratique. Pour y parvenir, un des moyens est de pratiquer la méditation, qui est un outil permettant d'ancrer sa conscience dans le présent. Vous y découvrirez des prises de conscience profondes et une lucidité fertile, qui vous guideront vers les enseignements dont vous avez besoin.

C'est le présent à l'œuvre qui vous offre son plus beau présent !

ETAPE 6 - CRÉEZ DES LIENS AVEC DES PERSONNES FORMIDABLES

Quel que soit le projet que vous souhaitez mettre en place, un solide réseau relationnel participera à son succès, aussi cette étape est très importante pour vous aider à optimiser toutes vos chances. Lorsque vous entretenez des relations avec des personnes *extraordinaires*, de bonnes choses commencent en effet à arriver dans votre vie. Ces personnes existent un peu partout autour de vous, il vous suffit donc d'entrer en contact avec elles. Les personnes timides pourront engager le contact grâce à un sourire ou un bonjour chaleureux.

Quel que soit le projet que vous souhaitez mettre en place, un solide réseau relationnel participera à son succès.

Voici la définition de Lillian Glass : « Une personne extraordinaire est une personne qui fait prendre conscience aux autres de leur propre valeur. Grâce à elles, les gens se montrent sous leur meilleur jour. (...) Nous avons tous ce qu'il faut pour être extraordinaire, généreux, positifs, et pour enrichir la vie des autres, afin d'apporter du bonheur à tous ceux avec qui nous entrons en contact. Nous sommes aussi en mesure de retenir ces personnes dans notre vie. »[30]

La relation pour explorer le « nous »

Comme on l'a vu, tous les changements que nous sommes amenés à vivre bousculent notre organisation habituelle. Nos relations, elles aussi, peuvent s'en trouver secouées. La relation à l'autre permet d'explorer le

30. Lillian Glass, *Comment s'entourer de gens extraordinaires*, Editions de l'Homme, 2004, p. 25

« nous ». Si dans notre vie relationnelle nous avons tendance à entrer en fusion affective avec l'autre, les liens que nous avons tissés peuvent parfois nous sembler pesants, que ce soit dans une vie sociale intense où nous multiplions les rencontres amicales, ou dans la relation à deux où nous éprouvons ce même vertige du désir de fusionner avec l'autre. Il se peut que nous nous laissions enfermer dans cette matrice où nous finissons par nous oublier. Or, dans ces moments de changements nous sommes amenés à repenser nos liens affectifs. Le processus même du changement nous expulse du « nous » sans qu'on le veuille, et nous oblige à revenir momentanément au « je ». Ce mouvement est indispensable, il nous recentre dans notre intériorité, le seul lieu où l'on puisse trouver la vérité d'une solution créative. L'occasion nous est offerte dans ce moment de poursuivre notre processus de maturation. Cela peut vouloir dire savoir s'extraire du lien quand c'est opportun, ou au contraire savoir y retourner plus profondément pour le vivre intensément.

En vivant dans le « je », vous avez l'opportunité de vous rencontrer.

En vivant dans le « je », vous avez l'opportunité de vous rencontrer dans ce qu'il y a de meilleur en vous, dans ce qui est encore méconnu, talentueux ou censuré... Revenez au « je » avec amour et compassion, tout ce qui se trouve en vous en sera vivifié.

Au centre de votre être, l'ombre plane sur tout ce que vous aimez et connaissez de vous. Ne lui laissez pas votre pouvoir. Grâce à cette conscience de vous-même, vous pouvez continuer de transmuter le négatif en positif, pour peu que vous ayez au préalable accepté de le reconnaître en vous. Vos relations s'en trouvent clarifiées car vous êtes amené à vous interroger sur ce qui vous appartient et ce qui est à l'autre. Vous apprenez à mieux savoir ce qui est acceptable ou non. C'est ainsi que vous repérez votre seuil de tolérance, afin de vous détacher de ce qui ne vous convient pas. L'énergie entre les personnes existe vraiment ! Dès que vous rencontrez une personne inconnue, sur le plan personnel ou professionnel, vous recevez d'emblée une première impression d'elle. Cette idée que vous vous en faites repose sur l'échange d'énergies et d'informations qui passe entre vous. « Tout est vibration et échange », aussi est-ce important de devenir de plus en plus conscient de ce qui circule en nous, et de faire honnêtement la part des choses entre l'énergie qui provient de l'extérieur et celle que l'on émet de notre côté. Pour cela, prenez l'habitude de vous sentir en contact avec vous-même avant d'être en présence d'autres personnes, et soyez à l'écoute de votre état corporel avant la rencontre. Puis, pendant votre entrevue, repérez les modifications de sensation que vous pourriez éprouver. (voir « Observez les mots et les émotions de l'échange », p. 266)

« Tout est vibration et échange »

Devenez la personne que vous êtes profondément

La réciprocité est donc essentielle pour créer la bonne fréquence, celle qui fera venir à vous des personnes extraordinaires. Dès que vous êtes réellement attentifs aux autres, que vous savez apprécier leurs gestes et les encourager, et que vous le faites avec sincérité en étant pleinement présent à la relation, vous vous rendez disponibles à recevoir en retour. De la même manière que l'on attire ce que l'on porte en soi, apprenez à donner ce que vous aimeriez recevoir en retour. Vous voudriez obtenir de la reconnaissance ? Offrez autour de vous cette énergie de reconnaissance, par vos paroles et vos gestes. Vous revivifiez cette qualité qui vous reviendra automatiquement. Un des principes de la loi d'attraction est de donner ce que vous voulez recevoir, dans quelque relation que ce soit. Lillian Glass précise en effet que « les gens qui sont conscients d'avoir besoin des autres sont « les plus chanceux du monde » parce qu'ils comprennent qu'ils ont besoin des autres non seulement pour leur survie, mais aussi pour l'amour, l'amitié, l'intimité, la réussite et bien davantage. » [31]

Un des principes de la loi d'attraction est de donner ce que vous voulez recevoir, dans quelque relation que ce soit.

Mais paradoxalement, ce retour fonctionne d'autant mieux si vous êtes sans attente au moment où vous agissez. Vous donnez simplement parce que c'est juste de le faire. Si au contraire vous calculez en permanence ce que vous donnez, et à qui, et si on vous le rend, si vous entrez dans un tel calcul systématique vous bloquez la fluidité de l'échange. D'autant que vous ne recevrez pas forcément de la part des personnes à qui vous avez donné. Il est même probable que ce retour provienne d'autres personnes ! Mais le fait d'exprimer la réciprocité finit par l'attirer automatiquement.

Bien sûr, il ne faut pas pour autant devenir naïf, et rester vigilant quant à l'énergie des personnes à qui l'on

31. Lillian Glass, op. cit. p. 25

donne. Certaines sont précisément dans ce calcul et cherchent à profiter de ceux qui donnent. Il s'agit simplement de le repérer, pour s'éloigner de telles relations. Il faut toutefois reconnaître que nous faisons souvent les choses avec une attente, explicite ou implicite et que l'on attire des personnes en résonance avec nous. Mais pour qu'une action soit juste, il est important qu'elle soit pleinement vécue dans le moment présent. Or, dans une action vécue au présent, il n'y a pas de place pour le calcul quant au futur. Simplement, comme cette action est juste, elle crée une vibration qui agira forcément sur le futur. Mais d'une manière que l'on ignore...

Mais pour qu'une action soit juste, il est important qu'elle soit pleinement vécue dans le moment présent.

C'est précisément ce détachement quant à un résultat précis qui attire à vous les personnes extraordinaires, un peu comme si vous déposiez cette énergie si particulière du lâcher prise autour de vous, ce qui produit une véritable prospérité.

Les autres font partie de votre réussite !

Savoir demander et accepter l'aide des autres, cela fait circuler l'énergie de l'entraide. En donnant aux autres l'opportunité de rendre service, vous leur permettez aussi de mesurer leur valeur. En parallèle, votre demande réaffirme votre appartenance au milieu dans lequel vous évoluez. Ayez conscience que vous avez le droit de bénéficier de cette aide des autres. Elle est absolument légitime, il n'est écrit nulle part que vous deviez faire les choses tout seul ! Même dans la mise en œuvre de vos projets, vous pouvez avoir besoin de l'appui des autres, d'une manière plus ou moins directe. Rencontrer la générosité de votre entourage vous permet aussi de développer le sentiment d'humilité.

Si vous restez ouvert, votre attitude peut vous mettre en contact avec des personnes tout à fait surprenantes. Certaines vous aideront au-delà de vos espérances ! Les personnes qui réussissent savent ainsi s'entourer de réseaux d'entraide.

Si vous restez ouvert, votre attitude peut vous mettre en contact avec des personnes tout à fait surprenantes.

Entourez-vous des personnes en résonance avec vous

Les autres peuvent certes vous apporter un soutien ponctuel, mais vous seul pouvez prendre soin de votre bien-être psychique et énergétique. Vous seul pouvez créer en vous les conditions d'une vie meilleure. Les personnes négatives, celles qui ont tendance à dramatiser, vous entraînent dans leur ambiance. Vous l'avez probablement remarqué à de nombreuses reprises. Est-ce nécessaire de valider cela ?

Aujourd'hui, vous devez réfléchir à l'entourage que vous désirez consciemment attirer. Comme vous le savez, cela influencera le résultat de vos projets. Plus vous vous sentez entouré de personnes qui partagent sincèrement vos valeurs et vos aspirations, plus vous créez autour de vous un contexte favorable. Aussi, quand vous venez de réussir quelque chose, ou que vous recevez une bonne nouvelle, ayez du discernement quant aux personnes avec lesquelles vous le partagez. Faites-le uniquement avec ceux qui sauront partager sincèrement votre enthousiasme. Évitez de vous ouvrir aux personnes que vous estimez être jalouses, envieuses ou extrêmement pessimistes, car elles insinueront que cela ne durera pas ou pourrait mal tourner, et généreraient des vibrations négatives.

Profitez de toutes les rencontres, comme des moments potentiellement extraordinaires. Sachez tirer parti de tous les lieux où il y a du monde et de toutes les rencontres que vous pouvez faire. Parfois vous pouvez obtenir ce que vous désirez dans des endroits plutôt inattendus, de la file de cinéma aux transports en commun... C'est à vous d'y être attentif ! Il y a des gens formidables partout ! Osez entrer en lien avec les personnes placées sur votre route ! Combien de coups de chance se sont produits de cette manière !

Profitez de toutes les rencontres, comme des moments potentiellement extraordinaires.

Créez vous un environnement bénéfique. Dites-vous que vous méritez de fréquenter des personnes qui vous donnent le meilleur d'elle-même. Elles donnent l'occasion d'exprimer le meilleur de vous-même.

Vous pouvez aussi faire une visualisation où vous imaginez des personnes que vous aimeriez voir arriver dans votre vie. Laissez émergez en vous les qualités et les ressources par lesquelles vous êtes attiré.

ETAPE 7 - OSEZ DIRE « NON » À CE QUE VOUS NE VOULEZ PLUS

En famille, en couple, au travail, en société, il y a certaines situations que l'on refuse. Pourtant notre timidité, notre manque d'assurance ou notre désir de plaire à tout prix nous empêchent parfois de dire non. Au lieu d'exprimer clairement notre désaccord, nous fuyons, faisons de la résistance passive ou disons oui à contre cœur. Eviter ainsi de s'affirmer, c'est non seulement subir une situation qui nous fait violence, mais c'est aussi renoncer sans le savoir à un véritable pouvoir personnel.

Cette difficulté à dire non concerne aussi ceux qui ont l'habitude d'en faire beaucoup pour les autres. Trop parfois. Ces personnes ont la réputation d'être bonnes et généreuses, toujours prêtes à se sacrifier et à donner de leur temps, ce dont leur entourage abuse parfois, volontairement ou non. Elles vont jusqu'à rendre un service même quand elles n'en ont pas envie, allant ainsi à l'encontre de leur propre désir, et en font toujours plus au détriment de leur équilibre personnel. Inconsciemment, souvent par peur d'être rejetées, elles cultivent l'image de la « bonne mère », du « bon père », de « la bonne amie », du « bon élève », de « l'employé modèle»... Leur entourage les gratifie et les remercie, ce qui les conforte dans l'image positive qu'elles ont d'elles-mêmes et les encourage à continuer de donner aux autres. Bien souvent, elles ne disent pas « non » de peur de passer pour égoïste. Mais faire systématiquement passer l'autre avant soi-même, c'est être infidèle à son propre désir.

Quelle qu'en soit la raison, ne pas prononcer le non qui résonne en nous c'est se manquer de respect. De telles relations, basées sur des non-dits ou des faux-semblants, entretiennent les jeux de manipulation que nous avons explorés tout au long de cet ouvrage.

Par obéissance, certaines personnes ont appris à se soumettre à l'autorité sans jamais exprimer la leur. Comme elles ont tendance à fusionner avec leur entourage elles ne savent pas non plus dire « je ». Le « je » de la solitude bénéfique, cette occasion d'une retrouvaille avec soi-même.

Les personnes qui éprouvent une réelle difficulté à exprimer aux autres ce qu'elles ressentent ont parfois du mal à faire aboutir leurs projets quand ils vont à l'encontre du désir des autres. Parfois dépendantes affectivement, elles n'osent pas traverser les modèles, transgresser les règles, dépasser les normes de leur éducation. N'ayant pas appris à remettre en question un ordre établit, elles auront besoin de toutes leurs forces pour changer d'attitude.

Les personnes qui éprouvent une réelle difficulté à exprimer aux autres ce qu'elles ressentent ont parfois du mal à faire aboutir leurs projets quand ils vont à l'encontre du désir des autres.

Les ressources sont déjà en vous

Si vous vous reconnaissez dans l'un de ces comportements, cette 7° étape vous est particulièrement destinée. Pour vous rencontrer réellement, vous devez changer vos mécanismes intérieurs. Il sera aussi nécessaire de traverser vos peurs de déplaire ou d'être rejeté et de dépasser vos doutes sur vous-même. Vous devez ressentir profondément que vous en avez assez de vivre ce genre de situation. Ce ras-le-bol est nécessaire pour trouver la force de vous libérer de vos attitudes, pour trouver le courage de vous prendre réellement en main. Ne soyez pas étonné si votre entourage est surpris : il est probable qu'il ne vous reconnaisse plus et vous reproche ce soudain manque de docilité !

Votre comportement passé montre que vous possédez en vous les ressources nécessaires pour faire face au changement.

Votre comportement passé montre que vous possédez en vous les ressources nécessaires pour faire face au changement. En effet, pour faire preuve d'abnégation, de résignation ou de sacrifice comme vous l'avez fait, il faut une grande énergie. Simplement, et malgré vous, vous avez utilisé cette énergie pour vous faire violence et vous contraindre, pour aller à l'encontre de vos aspirations profondes. Aujourd'hui, vous pouvez renverser la polarité de cette énergie, dont vous pouvez faire une force. Votre attitude d'hier contient en germe ses qualités opposées, c'est-à-dire le courage, l'affirmation et la puissance. Après avoir exploité la polarité négative du pouvoir, dont vous faisiez une violence intérieure, vous avez ici l'opportunité de faire l'expérience de l'autre versant, en la transformant en force. Ce changement passe par la compréhension des paradoxes qui vous habitent : le négatif et le positif existent pour se rencontrer un jour et donner naissance à un moment d'unité. A votre complétude. Ce sentiment, même brièvement vécu, donne une force et une foi indéracinable.

Dans la conscience de votre dualité, vous pouvez choisir de tracer le chemin de votre évolution. A creuser le sillon qui traverse l'ombre en direction de votre liberté d'être vous. Vous pouvez désormais puiser dans les ressources que vous avez cultivées tout au long de votre vie.

Oser dire « je » pour savoir dire « non »

Avant de savoir dire « non », il vous faut faire l'expérience de « je » qui, comme nous l'avons vu, vous recentre sur vos besoins et vos priorités. Grâce au « je », vous ne laissez personne vous détourner de ce qui est bon pour vous.

Pour intégrer ce nouveau positionnement, passez une semaine à expérimenter l'exercice suivant.

Apprenez à dire « je »

Lorsque vous parlez, partez toujours de vous-même. Utilisez le plus souvent possible le pronom « je » afin de vous approprier vos paroles et d'exprimer vos ressentis à la première personne, sans vous abriter derrière le « on » ou le « nous ». Entraînez-vous aussi souvent que possible à donner votre avis, à exprimer votre désaccord. Naturellement, commencez par de petits faits pour respecter votre rythme. Cette pratique vous incitera à vous montrer de plus en plus clair avec votre entourage. En évitant le « on » indéfini, le « nous » englobant, vous apprenez à vous différencier. Vous gagnez en positionnement et en affirmation personnelle.

Au fur et à mesure, soyez conscient de ce que cela provoque en vous. Les émotions et sentiments, les pensées que vous accueillez. C'est votre vérité du moment.

Faites ainsi chaque jour de la semaine. Le soir, notez dans votre carnet les moments où vous avez pu exprimer votre avis, les circonstances où vous avez réussi à imposer votre non. Notez aussi ce que vous ressentiez dans chacune de ces expériences.

Dans un tel exercice, il est possible que vous rencontriez la peur de perdre l'amour ou la considération de l'autre. C'est là le risque à prendre pour maturer véritablement et sortir de certaines dépendances : pour grandir, il vous faut accepter toutes les conséquences de vos paroles et de vos actes dès lors que vous les ressentez profondément.

Un tel apprentissage d'une nouvelle communication facilite la rencontre avec votre intériorité. Ce mouvement de retournement vous prépare à prendre position pour la suite. Apprenez à penser par vous-même et soyez attentif à votre ressenti, à votre envie. Par exemple, lorsqu'on vous demande un service, questionnez-vous : « Ai-je vraiment envie de répondre positivement ? » Si oui, « Quelle est ma réelle motivation ? » En vous habituant ainsi à être de plus en plus clair avec vos désirs, et à exprimer dans vos paroles ce que vous ressentez vraiment, vous pouvez enfin agir dans un sens qui est juste pour vous-même. Donc pour l'autre : rendre service à contre cœur charge en effet la relation d'une énergie négative et peu constructive.

Vos actes incarnent votre changement dans la réalité.

Vos actes incarnent votre changement dans la réalité. Dire un vrai « oui » est porteur d'une ouverture extraordinaire. Assumer un vrai « non » crée un profond respect de soi. Le fait d'expérimenter consciemment et sincèrement ces deux opposés vous recentre dans votre pouvoir créateur. La maîtrise et la véracité de vos paroles accentuent votre capacité à réaliser ce que vous souhaitez dans la vie. Vous découvrez que l'amour et la considération prennent d'abord racine en vous-même, pour ensuite se rencontrer dans le regard d'autrui. « Oser », c'est accepter l'expérience de la peur, c'est l'affronter et la traverser.

Levez-vous et dites « non » chaque fois que c'est nécessaire. Retrouvez ainsi la dignité et le respect de vous-même. De cette manière, vous signifiez à l'univers que vous voulez le meilleur !

Vous êtes une personne importante.
Acceptez de vivre toutes vos potentialités.
Affirmez que vous en avez assez des situations négatives.

ETAPE 8- GRANDISSEZ GRÂCE AUX DIFFICULTÉS

Dès que l'on envisage la vie sous l'angle de la loi de l'attraction, on comprend pourquoi nos difficultés actuelles sont liées à certains événements de notre passé qui n'ont pu être intégrés. Ils ont ainsi tendance à se reproduire dans notre présent où ils se réactualisent. Involontairement, nous subissons cette répétition jusqu'à ce que nous devenions conscients de ce qui se cache derrière elle. Nous sommes alors à même de nous libérer de la charge émotionnelle figée.

Pour dépasser ses souffrances, il convient d'affronter ce qui est à l'intérieur de nous, car derrière tout mal-être se dissimule un état de paix.

Pour dépasser ses souffrances, il convient d'affronter ce qui est à l'intérieur de nous, car derrière tout mal-être se dissimule un état de paix. Cependant, pour pouvoir passer à autre chose, pour pouvoir véritablement tourner la page, il nous faut au préalable poser un autre regard sur ces événements. Ne plus envisager le seul côté dramatique des épreuves, ni ressasser la douleur, mais se concentrer sur ce que l'on a pu développer comme ressource, comme qualité, comme force intérieure, en devant faire face à telle épreuve, à telle difficulté.

Aussi pénible qu'ait pu être une situation, il faut bien reconnaître que nous avons su faire preuve de ressources pour « survivre » à nos blessures. Nous avons tous des périodes d'apprentissage, elles touchent plusieurs domaines de la vie et nous les repérons quand nous rencontrons les plus grandes difficultés.

En nous autorisant à une telle lecture de ce qui nous arrive, nous ouvrons notre esprit et rencontrons notre pouvoir. C'est là que nous sommes à même de transmuter le négatif en positif. Notre capacité de transformer un vécu, quel qu'il soit, dépend de notre état d'esprit. Aussi, soyez attentif à poser un regard plus constructif sur ce qui vous arrive, sur ce qui vous entoure. Considérez que chaque situation est porteuse de sens, qu'elle a sa place dans votre histoire et qu'avec son propre langage elle tente en réalité d'atteindre votre conscience. Une situation est neutre par essence, c'est nous qui lui attribuons sa polarité et son degré d'importance ; c'est nous qui, ainsi, dirigeons son énergie.

Considérez que chaque situation est porteuse de sens, qu'elle a sa place dans votre histoire et qu'avec son propre langage elle tente en réalité d'atteindre votre conscience.

Décoder les messages

Pour muter l'énergie et la tourner en positif, ayez le réflexe de vous demander :

Au travers de cette situation, qu'ai-je eu à développer, malgré tout, comme qualité ou comme ressource ? Qu'ai-je appris sur moi-même ? Que puis-je modifier dans mon comportement, dans mes attitudes ? Que puis-je améliorer en moi ?

Chaque fois qu'un fait vous perturbe apprenez à prendre ainsi du recul, habituez-vous à vous recentrer. Cela vous permettra de dompter vos émotions qui généralement vous aveuglent sur la signification précise des faits. Ceux-ci sont tous des messages qui nous font grandir en sagesse...

Tirer les enseignements d'une situation est aussi une manière d'en tourner la page.

En prenant conscience de ce que l'on a acquis en traversant l'épreuve, nous implantons le germe du positif dans notre esprit. C'est ainsi que nous pouvons nous détacher peu à peu du fait en tant que tel, et transmuter le pouvoir négatif qu'il a pu exercer sur notre vie. Notre blessure, alors, a tendance à se dissoudre et elle influence beaucoup moins nos choix. Tirer les enseignements d'une situation est aussi une manière d'en tourner la page.

ETAPE 9 – DÉVELOPPEZ VOTRE INTUITION POUR PRENDRE LES MEILLEURES DÉCISIONS

Dans les moments difficiles, en périodes de changements, l'intuition sait nous guider vers les meilleurs choix car sa nature anticipatrice nous oriente avant même que tous les éléments ne soient identifiés par la conscience. Mais il faut abandonner cette l'idée que l'intuition serait quelque chose de magique ou de mystérieux. Au contraire, pratique et concrète nous pouvons nous en servir au quotidien. Pour cela nous avons besoin de nous habituer à l'utiliser. Grâce à un entraînement et des exercices simples nous pouvons apprendre à la suivre. (Voir « La force de l'intuition directe », p. 135)

La gestion de nos émotions est particulièrement importante pour bénéficier d'une bonne écoute de son intuition. Quand nous sommes en accord avec notre ressenti émotionnel, notre clairsentience peut s'exprimer facilement. L'émotion vraie n'est pas un obstacle à l'intuition, en revanche l'inhibition ou l'excès de celle-ci en est un sérieux comme nous l'avons vu plus haut, et il est important de pouvoir les verbaliser, les intellectualiser, pour leur donner une distance juste où elles sont moins envahissantes. (Voir « Comment sortir de la négativité», p. 169)

Application intuitive pour choisir et agir.

Lorsque vous devez prendre des décisions, construire un projet, poser des actes, laissez-vous ressentir vers où et quoi cela peut vous amener. Pour cela, prenez un peu de temps pour vous-même dans le calme et travaillez

Lorsque vous devez prendre des décisions, construire un projet, poser des actes, laissez-vous ressentir vers où et quoi cela peut vous amener.

avec votre intuition. Si vous éprouvez des difficultés à prendre une décision lorsqu'un choix se présente, voici un exercice simple qui vous aidera à déterminer ce qui est le mieux pour vous.

Choisissez grâce à votre intuition !

Installez-vous confortablement. Prenez quelques minutes pour vous centrer dans votre mode intuitif. Imaginez, dans votre monde intérieur, un chemin symbolique qui à un moment donné se sépare en deux. Ce sont les deux voies, les deux propositions qui s'offrent à vous. Il est donc important de les avoir clairement identifiées. Par exemple, dans le cas d'un changement de travail, vous pouvez avoir le choix entre tel nouveau poste ou tel autre. Mais si vous ne pouvez pas encore les nommer aussi précisément que « telle fonction », « tel poste » « telle entreprise », les deux termes de votre alternative sont « je reste dans ce travail » et « je quitte ce travail ».

Empruntez l'une des deux voies, dans la conscience d'explorer la première possibilité. Imaginez que le résultat est abouti. Faites comme si tout était déjà réalisé concrètement et voyez précisément la situation. Comment vous sentez-vous intérieurement ? Physiquement ? Quelle posture adoptez-vous ? Qu'est-ce qui émane de vous ? Comment êtes-vous en relation avec votre entourage familial ? Comment cela se passe-t-il avec vos collègues ? Que se passe-t-il pour vous ? Au fond, que gagnez-vous à faire ce choix ? Comment vous sentez-vous dans votre cœur ? Aimez-vous ce que vous vivez ?

Une fois examinée votre situation avec la première des deux voies, revenez à l'embranchement des deux chemins et explorez la deuxième option. Puis faites le même travail, en étant attentif à vos perceptions sensorielles.

Ensuite seulement, avec lucidité, faites votre choix et décidez de ce qui est le mieux pour vous. En vous habituant à faire ce processus, vous repérerez vos critères sensoriels qui sont vos indicateurs de choix. Avec un peu d'entraînement, vous saurez bientôt intuitivement et immédiatement quel choix faire.

Vous pouvez également faire cette projection du futur lorsque vous devez faire une action nouvelle :

- Visualisez-vous en train de la mettre en place.
- Ressentez ce qui se passe pour vous. Explorez cela avec tous vos sens.
- Puis imaginez l'aboutissement de cette action comme si tout était terminé. Que se passe-t-il en vous ? Etes-vous d'accord avec ce résultat ? Etes-vous heureux de cela ? Est-ce vraiment ce que vous vouliez ?

Grâce à l'écoute de votre ressenti intérieur, de vos sensations corporelles, vérifiez si cette nouvelle situation vous correspond.

- Si votre exploration et surtout le résultat sont le reflet de ce que vous voulez, alors foncez…
- Si, en revanche, vous sentez des blocages, un malaise… il s'agit de signes qui vous mettent en garde afin de réajuster ou de modifier ce que vous allez entreprendre. Ecoutez votre ressenti et demandez à votre intuition ce que cela signifie pour vous, maintenant.

L'INTUITION AU NIVEAU PROFESSIONNEL

Chaque place que nous avons occupée professionnellement depuis notre entrée dans la vie active a eu sa raison d'être. En prendre conscience nous permet d'en intégrer les valeurs dans notre identité. Et puis il y a des époques où vous pouvez ressentir de l'insatisfaction, une fatigue chronique, un manque d'enthousiasme et de motivation à aller travailler... Cela signifie peut-être qu'il est temps pour vous de changer votre quotidien professionnel.

Naturellement, faire votre bilan sur le plan professionnel et en identifier votre indice de satisfaction ne vous conduit pas forcément à changer radicalement de métier. Cela peut vous donner les éléments nécessaires pour progresser au sein de votre entreprise, pour tenter de relever un nouveau défi à votre poste actuel. Votre ressenti actuellement négatif signe une aspiration à instaurer une nouvelle cohérence dans votre vie, il montre un apprentissage qui cherche à se manifester. Sachez que vous avez la liberté de répondre, ou non, à cet appel intérieur. Si votre aspiration est de faire coïncider votre travail et votre vocation, votre nécessité et vos aspirations, alors sachez que l'intuition peut se révéler d'une aide précieuse dans vos recherches.

Parfois, on résiste en ne prêtant pas vraiment attention à ce qui se passe en soi. On cherche une réponse matérielle à un mal être intérieur.

Parfois, on résiste en ne prêtant pas vraiment attention à ce qui se passe en soi. On cherche une réponse matérielle à un mal être intérieur. Dans ces circonstances, certains compensent par une consommation excessive et tentent de se faire plaisir par des achats, des voyages, des rencontres amoureuses multiples, etc. D'autres anesthésient les symptômes de leurs corps avec des médicaments ou des psychotropes ou s'enferment dans des habitudes. Pourtant, soyons certains que même si nous nous installons dans ces fuites, la proposition du changement se présentera à nouveau, comme pour éveiller davantage la conscience de qui nous sommes, jusqu'à ce que finalement nous acceptions de suivre notre aspiration profonde. Même si elle nous éloigne de notre confort, même si nous ne savons pas exactement où elle nous mène. Ici encore, notre intelligence intuitive peut nous guider vers ce qui correspond le mieux à notre idée du bonheur. Mais il nous faut accepter de recevoir les informations étape par étape, car l'intuition ne donne pas forcément nécessairement tout d'un bloc, par exemple pour un changement de travail elle ne donne pas le nouveau métier et la nouvelle entreprise. Mais elle montre le chemin à suivre et des indications, nous signifiant que notre processus de réalisation passe par ces étapes.

Notre intelligence intuitive peut nous guider vers ce qui correspond le mieux à notre idée du bonheur.

J'ai entendu il y a quelques temps une interview de J.K. Rowling l'auteur de Harry Potter. Elle expliquait qu'elle était dans un train pour un long voyage lorsqu'elle eut l'intuition de l'histoire d'Harry Potter. En regardant par la vitre elle eut en elle la vision de ce jeune héros, sa physionomie, etc. Ce fut pour elle un véritable déclic et elle se mit immédiatement à écrire. Bien que son manuscrit fût refusé par toutes les maisons d'édition anglaise, elle persévéra. Et finalement l'une d'elle lui fit confiance. Nous connaissons tous l'immense succès de J.K. Rowling. Cette histoire nous enseigne qu'il existe de vastes possibilités en soi qui ne demandent qu'à être reconnues et exprimées. La détermination et le fait de croire pleinement en soi propulsent vers de fabuleux succès.

L'époque actuelle et le contexte social nous obligent à reconsidérer la place du travail dans notre quête du bonheur. Nos ancêtres épousaient un métier à la manière d'une profession de foi, aujourd'hui il faut parfois changer de métier plusieurs fois dans sa vie. On évoque encore la « carrière » comme une réussite extérieure plutôt qu'une réelle réalisation de soi, or de plus en plus nombreux sont ceux qui aspirent à mettre plus de sens dans leur vie professionnelle, qui souhaitent faire coïncider leur travail avec leurs valeurs essentielles. Nous pouvons faire confiance à notre intuition elle intervient pour nous guider pas à pas et nous mener au succès. Elle met en évidence des talents que l'on a à exprimer. J'ai aussi remarqué combien elle génère des coups de chance financiers. L'intuition nous montre le juste chemin, elle circule en nous tout comme l'argent peut circuler dans notre vie. Comme si la vie nous soutenait automatiquement dans nos entreprises. Les personnes intuitives constatent que l'argent arrive toujours à point nommé, parfois de manière multiple mais rarement avec une grande anticipation : le mouvement de la vie ne connaît pas l'épargne ni la thésaurisation. La vie ne connaît que l'instant présent, et nous fournit les moyens dont nous avons besoin aujourd'hui…

Elle met en évidence des talents que l'on a à exprimer.

ETAPE 9- DONNEZ-VOUS LA « PÈRE MISSION » DE RÉUSSIR CE QUE VOUS ENTREPRENEZ

Pour concrétiser un projet, pour mettre en œuvre tout changement, vous avez besoin de disposer pleinement de votre force intérieure. Celle-ci est nourrie et vivifiée par la permission de réussir, qui, lorsqu'elle a été bien intégrée renforce l'autorité intérieure. A l'origine la permission de réussir est transmise par le père dont le rôle est d'apprendre à son enfant les règles de l'action, de lui transmettre la capacité à rebondir après un éventuel échec.

Mais l'enfant que vous étiez a pu ressentir une forme d'absence du père, que cette absence ait été avérée ou non. Vous avez pu vous sentir alors critiqué, mal soutenu, et l'adulte que vous êtes devenu a pu en garder une certaine blessure. Mais tout au long de sa vie, on peut compter sur des « pères » de substitution, qui apprennent comment réussir. Ces nouveaux modèles vont réparer vos manques et vous consolider. Avec le temps, il vous faudra intégrer cette image du bon père, c'est-à-dire intérioriser la force d'action. Elle doit devenir vôtre pour enraciner au cœur de vos agissements votre autorité personnelle.

Grâce à cette conscience vous pouvez traverser et dépasser votre père réel pour faire grandir la force de votre père intérieur. Vous pouvez intégrer ces qualités en faisant le point avec vous-même :
- Réussissez-vous tout ce que vous entreprenez ?
- Si ce n'est pas le cas qu'est ce qui vous fait rater ?
- Comment réagissez-vous lors d'un échec ?
- Que ressentez vous et quelle pensée avez-vous à votre sujet ?
- Que retenez-vous (finalement de cet échec) ? Quel peut en être l'enseignement.
- De quoi avez-vous besoin pour transformer la situation ?

En répondant à ces questions vous pourrez davantage clarifier votre système de sabotage. Cela vous donnera des pistes pour le désamorcer en profondeur.

Voici enfin une visualisation que vous pouvez enregistrer pour l'écouter plus facilement. Elle fait référence à votre enfant intérieur, cette image symbolique de vous-même que vous avez mémorisée dans votre enfance. L'enfant intérieur est une partie de votre identité, de votre moi d'aujourd'hui. En travaillant sur lui, vous allez à la racine de vos programmations et donc vous pouvez y amener de nouvelles données. Rappelez-vous que le succès peut également dépendre de votre capacité à transformer l'image négative que vous avez de vous-même.

Visualisez votre enfant intérieur

Installez-vous confortablement en position assise ou allongé, de manière à amener de la détente dans tout votre corps, depuis la tête jusqu'aux pieds.

Visualisez en vous la présence d'un beau paysage naturel, qui vous ressource et vous régénère.

Imaginez maintenant emprunter un chemin. Il s'agit de la ligne du temps.

Ce chemin vous fait remonter dans le passé lointain, jusqu'à votre enfance.

Retrouvez le petit enfant que vous étiez. Voyez-le, ressentez-le, entrez en contact avec lui. Demandez-lui ce dont il a besoin pour se sentir en pleine possession de ses capacités, pour qu'il ressente pleinement sa valeur. Donnez-lui toutes les permissions qui lui seront utiles, parlez-lui : « tu as le droit de réussir ce que tu entreprends », « tu mérites l'abondance », « tu as parfaitement le droit d'être heureux en amour »...

Puis imaginez que vous répondez à tous ses besoins, jusqu'à le voir parfaitement heureux et joyeux. Dans toute sa puissance. Utilisez toute votre imagination créatrice pour faire ce travail : tout est possible !

A nouveau, reprenez contact avec votre respiration. A votre rythme, bougez et étirez-vous. Parfaitement relaxé et disponible pour la suite de la journée.

S'il vous arrive de vous sentir à nouveau rattrapé par des scénarios du passé, profitez de cette visualisation pour changer véritablement les choses.

En renonçant à vous dévaloriser, vous implantez plus profondément l'idée du bien et du bon en vous. Cela favorise la venue d'abondance, notre dernier thème à explorer.

En renonçant à vous dévaloriser, vous implantez plus profondément l'idée du bien et du bon en vous.

ÉTAPE 10- OUVREZ-VOUS A LA PROSPÉRITÉ

Tout au long de cet ouvrage je vous ai parlé de fréquence, de vibration, d'énergie. L'argent et la prospérité peuvent aussi être envisagés selon la même dynamique et après la lecture de ces pages vous comprenez facilement que l'argent est aussi énergie. Dès qu'il circule librement, vous attirez à vous l'argent de diverses manières. Cela montre l'étendue de votre ouverture, et de votre capacité à le recevoir, à le redistribuer. Vous êtes générateur de biens matériels, ils sont en miroir et en résonance avec ce que vous êtes prêts à vous accorder. Tout dans l'existence se place alors à un certain niveau de vibration : la valeur d'une prestation, un salaire, équivalent à la valeur qu'on estime incarner. Cela se vérifie lorsque nos affaires marchent bien : si nous demandons un prix au-dessus de ce que l'on pense mériter, nous n'attirons pas l'abondance. Ce décalage intérieur joue un rôle primordial dans les résultats que l'on obtient.

Vous êtes générateur de biens matériels, ils sont en miroir et en résonance avec ce que vous êtes prêts à vous accorder.

Il nous faut bien comprendre que la prospérité est avant tout une expérience intérieure. Elle ne devient une réalité extérieur que par voie de conséquence : ce que nous avons dans la vie reflète notre manière de vivre intérieurement la prospérité. C'est pour cela que chacun d'entre nous a ses propres critères de ce qu'est la prospérité et l'abondance.[32]

32. Shakti Gawain, *Atteindre la véritable prospérité*, Le Courrier du livre, 2007

Si nous ne sommes pas satisfaits de ce que l'on a, si nous ressentons des manques, la vie nous indique alors que c'est le domaine dans lequel nous devons accroître notre conscience afin de transformer un élément en nous. Pour découvrir ce que nous avons à apprendre, nous devons prêter attention à tous les messages de l'existence. Cet ouvrage vous donne les moyens de faire un réel travail sur vous, car c'est uniquement de cette manière que les choses vont changer.

En lien avec votre rapport à l'argent, avec votre sens de la prospérité vous devez clarifier les pensées et les croyances et les émotions que vous entretenez.

Pour cela, vous pouvez revenir au passage largement développé sur les croyances en deuxième partie de ce livre. (Voir « Changer son regard c'est changer sa vie » p. 114)

Ressentez profondément combien vous méritez le meilleur de l'existence. Dès que vous le pouvez, faites don de tous vos talents, c'est là une expérience particulièrement gratifiante car on offre au monde le meilleur de soi. Faites en permanence rayonner l'abondance de votre présence autour de vous.

Dès que vous le pouvez, faites don de tous vos talents, c'est là une expérience particulièrement gratifiante car on offre au monde le meilleur de soi.

Voici à présent une nouvelle décision que vous pouvez prendre pour vous ouvrir pleinement à la prospérité.

→ Laissez venir tous les mots positifs associés à l'argent : ______________________

→ Retrouvez toutes les qualités intérieures que vous ressentez lorsque que vous êtes prospère :

____

→ Vivez-les pleinement et imaginez-les rayonner autour de vous

→ Envisagez les bénéfices positifs que votre prospérité apporte à vos proches, à la société :

____

→ Vous intégrez ainsi la prospérité dans toutes les sphères de votre vie et mesurez l'impact formidable que vous exercez autour de vous.

→ Voyiez tout ce que vous avez dans l'existence sur tous les registres de la vie, à la fois bien matériels, relations sociales et affectives :

____

____

____

→ Dans cette conscience, ressentez toutes les émotions et les sentiments positifs que cela procure dans votre corps.

→ Prenez conscience du message que vous envoyez dans l'univers à chaque instant car ce que vous recevez est une réponse à cela

→ Ayez pleinement conscience de tout ce que vous avez à offrir, pour que votre vie ne soit plus du tout le fruit du hasard. Vous avez toutes les clés en main pour retourner n'importe quelle situation et lui donner du sens, savoir exprimer votre potentiel, trouver un réel plaisir à vivre toutes les expériences du quotidien… et devenir vous aussi, une personne heureuse, alors profitez-en !

Remerciez pleinement avec un large sourire…

Belle vie à vous.

Vanessa

REMERCIEMENTS DE L'AUTEUR,

A ceux qui ont participé à mes formations sur le développement de l'intuition et en coaching, ceux qui m'ont écoutée en conférence, leurs interrogations et réflexions m'ont largement inspirée ce présent ouvrage ;

J'ai une tendre pensée pour mon époux et coach Gilles GUYON dont l'amour et le soutien constant m'encouragent à donner le meilleur de moi ;

Toute ma reconnaissance est destinée à Catherine MAILLARD, mon agent littéraire et journaliste, ainsi qu'aux éditions TREDANIEL qui ont rendu possible la publication de ce livre ;

Et enfin à Samuel SOCQUET, auteur, pour le talent dont il a fait preuve dans la préparation finale de ce manuscrit.

BIBLIOGRAPHIE

Aird Kishori – *L'adn démistifié tome 1 et tome 2* - Institut Kishori 2002 ; 2007 et tome 2 en 2004 (p. 34 et 35)

Antz William, Chase Betsy, Vincent Mark – *Que sait-on vraiment de la réalité* – Editions Ariane,2006

Bandler Richard et Grinder John – *Les secrets de la communication* – Le Jour Editeur 1982

Bailey Alice A. – *Compilation Réfléchissez-y* – Editions Lucie Trust, New-York, 1988.

Baranski Laurence – *Le manager éclairé* –Editions d'organisation, 2001 (p 41-42).

Brennan Barbara Ann – *Guérir par la lumière* – Editions Sand Tchou, 1993 (p 119 à 127).

Dr Berne Eric – *Que dites-vous après avoir dit bonjour ?* – Editions Tchou, 1972, 1979, 1981, 1983 pour la traduction française.

Chigniard Annie et Hetroy Agnès – *Objectif changement : interrogez votre ressenti* – Editions Le Souffle d'Or, 2005.

Chopra Deepak dr – *Le livre des coïncidences* – Inter Editions Dunod, 2004

Coleman Daniel – *L'intelligence émotionnelle* – Editions Robert Laffont, 1997 pour la version française.

Cottraux Jean – *La force avec soi* – Editions Odile Jacob 2007

Dethlefsen Thorwald et Rudgier Dahlke – *Un chemin vers la santé* – Editions Randin, 1990 pour la traduction française.

Egli René – *Le principe Lola, la perfection du monde* – Editions d'Olt, 1995.

Glass Lillian – *Comment s'entourer de gens extraordinaires* – Les éditions de l'Homme,2004 (p 25)

Grand Robert de la langue Française ,2001 .

Grand dictionnaire de la philosophie –Larousse C N R S Edition, 2005 .

Garibal Gilbert – *Emile Coué* – Editions De Vecchi 2005

Filliozat Isabelle – *L'intelligence du Cœur* – Editions Jean-Claude Lattes, 1997 et Marabout n°3580 .(p24-25 ; 138)

Filliozat Isabelle – *Trouver son propre chemin* – Editions Belfond – L'Age du Verseau, 1991 et en Pocket en 1992.

Gawain Sakti – *Comment développer son intuition* – Edition Guy Trédaniel, 2001.

Gawain Sakti – *Atteindre la véritable prospérité* – 1997 et Editions Le courrier du livre, 2007

Guyon Gilles – *Le coaching pour tous* - Editions Quintessence, 2005.

Gee Judee — *Comment développer votre intuition*, Editions Dangles,1995

Hopcke Robert – *Il n'y a pas de hasards* – Editions Robert Laffont, 2000.

Janssen Thierry – *La solution intérieure* – Edition Fayard 2006 (page 63 ;68)

Jung Carl Gustav – Dialectique *de Moi et de l'inconscient* – (1993 année de la première édition, en allemand), Editions Gallimard, 1964.

Jung Carl Gustav – *Ma vie* – Editions Gallimard, 1964

Kubler Ross, Elisabeth Dr – *La mort dernière étape de la naissance* – Editions du Rocher-1985

Losier Michael J. – *La loi de l'attraction* – Les Editions des 3 Monts, 2006

Messinger Joseph et Caroline – *Les mots qui polluent les mots qui guérissent* – Editions Flammarion 2005 et J'ai Lu 8592

Marquier Annie – *La liberté d'être* – Editions Universelles du Verseau1998 (p. 499 à 501)

Monbouquette Jean – *Apprivoiser son ombre* – Editions Novalis-Bayard, 2003 (p. 86 à 120 ;140-141).

Nachez Michel – *Les états non ordinaires de conscience* – Marabout Alleur ,1997 .

Psychologies magazine – Dossier : Penser positif – n°273 d'avril 2008

Pélissier Jean – *Secrets des centenaires* – Auto Edition 1995

Servan- Schreiber David – Guérir le stress, l'anxiété et la dépression- Editions Robert Laffont 20003 et Pocket

Stone Hal et Sidra – *Le dialogue intérieur* – Editions Le souffle d'Or, 1991.

Salomon Paule – *Je peux changer* – Editions Dervy, 2000 (p. 63, 64 ; 98 à 101 ; 105 ; 109)

Salomé Jacques – *Le courage d'être soi* – Les éditions du Relié 1999, Pocket n° 11088(p. 106 ; 113 – 114)

Science et Vie magazine Hors Série – L'empire caché de nos émotions – n°232 septembre 2OO5

Tolle Eckhart – *Le pouvoir de l'instant présent* – Ariane Edition INC ,2000 (page 34)

Wisseman Richard dr – *Notre capital chance* – 2003 et éditions J. C. Lattès pour l'édition française 2003 et Marabout collection.

Wallace D. Wattels – *La science de l'enrichissement* – Editions Dauphin Blanc 2006, et Exclusif 2008

Achevé d'imprimer en décembre 2012
sur les presses de la Nouvelle Imprimerie Laballery
58500 Clamecy
Dépôt légal : décembre 2012
Numéro d'impression : 212201

Imprimé en France

La Nouvelle Imprimerie Laballery est titulaire de la marque Imprim'Vert®